图书情报与档案管理博士文库

科学数据素养能力
指标体系建设

秦小燕 著

国家图书馆出版社

图书在版编目（CIP）数据

科学数据素养能力指标体系建设 / 秦小燕著 . — 北京：国家图书馆出版社 , 2020.11

（图书情报与档案管理博士文库）

ISBN 978-7-5013-6990-4

Ⅰ.①科…　Ⅱ.①秦…　Ⅲ.①科学技术—数据管理—研究—中国　Ⅳ.① G203

中国版本图书馆 CIP 数据核字（2020）第 057676 号

书　　名	科学数据素养能力指标体系建设
著　　者	秦小燕
责任编辑	高　爽
封面设计	翁　涌

出版发行	国家图书馆出版社（北京市西城区文津街 7 号　100034）
	（原书目文献出版社　北京图书馆出版社）
	010-66114536　63802249　nlcpress@nlc.cn（邮购）
网　　址	http://www.nlcpress.com
排　　版	九章文化
印　　装	河北鲁汇荣彩印刷有限公司
版次印次	2020 年 11 月第 1 版　2020 年 11 月第 1 次印刷

开　　本	710×1000　1/16
印　　张	15.25
字　　数	230 千字

书　　号	ISBN 978-7-5013-6990-4
定　　价	70.00 元

丛书编委会

（按姓氏汉语拼音顺序排列）

主　任：

曹树金　魏　崇

委　员：

陈传夫　初景利　邓小昭　方　卿　葛艳聪

黄水清　李　纲　李广建　李　贺　李玉海

李月琳　刘越男　卢小宾　陆　伟　马　捷

申　静　孙建军　孙瑞英　王战林　韦景竹

夏立新　徐丽芳　闫　慧　殷梦霞　张　斌

张久珍　张志强　朱庆华

总序一

　　博士，是我国学位结构中的最高层次，博士水平是一个国家高等教育水平的重要标志。高水平研究生教育是世界一流大学和一流学科的主要特征。随着我国高校"双一流"建设的推进，高等院校必须突出人才培养的主体地位，把建设一流的研究生教育体系放在重要位置。

　　20世纪90年代以来，我国图书情报与档案管理的博士研究生教育质量稳步提升，取得了令人瞩目的成绩。目前，我国已有图书情报与档案管理一级学科博士学位授权点12个，为教学、科研部门和信息机构输送了一批又一批高层次人才。随着国内高校"双一流"建设迅猛发展，研究生教育尤其是博士研究生教育作为科技第一生产力、人才第一资源、创新第一动力的重要结合点，在各项事业的发展中具有不可替代的作用。研究生教育作为国民教育的顶端和国家创新体系的生力军，是高层次拔尖创新型人才的主要来源和科学研究潜力的主要标志。

　　博士研究生的培养主要是在导师指导下进行科学研究，撰写博士学位论文。对于博士研究生来讲，完成博士学位论文是获得博士学位必不可少的环节。一个学科领域的博士论文可以在相当程度上反映该领域的新思想、新方法、新技术及其未来趋势。博士论文的选题与本领域当前的理论和实际问题密切相关，有的还是某一科研项目的重要组成部分，反映了学科领域的发展现状与水平，对整个学科学术水平的提高有着不可忽视的作用。

　　近年来毕业的图书情报与档案管理博士研究生在众多的研究专题上取得了不少重要的研究成果，其中有些还改编为专著由不同的出版社出版。但由于较为分散，未能引起人们的充分注意，这些成果的社会作用也就难以得到最大限度的发挥。为了集中反映我国图书情报与档案管理学科博士学位获得者取得的科研成果，中国图书馆学会编译出版委员会和国家图书馆出版社策划出版了《图书情报与档案管理博士文库》（以下简称"文库"），这是一件令人十分高兴的好事情。

收入"文库"的博士学位论文，是经文库编辑委员会推荐并严格审查，从已通过学位论文答辩并获得博士学位者的论文中推选出来的，在论文出版时作者做了修订增补工作，使之更臻完善。收入"文库"的博士学位论文的推选标准是：论文选题为学科前沿，具有开创性和重大的理论价值或现实意义；论文理论方向正确，有独到见解或方法上的创新；论文体现博士研究生良好的学风、文风，材料数据翔实，结构合理，逻辑严密，写作规范。每篇博士学位论文都是博士研究生们多年学习与研究的成果，反映了他们对图书馆学、情报学和档案学研究的科学贡献，从中我们也可以看到博士生指导教师学术思想的影子。因此，我们可以说，它们是图书情报与档案管理研究领域非常有价值的财富。

"文库"的出版，可以使博士研究生的科研成果在社会上得到较为广泛的传播，从而扩大图书情报与档案管理的学科影响；同时，可以对导师如何指导论文起到借鉴作用，也可以成为在读博士研究生撰写论文的范本。因而，出版《图书情报与档案管理博士文库》这一举措必将有力地推动我国图书情报与档案管理学术研究的发展与创新。

《图书情报与档案管理博士文库》在组织编辑出版过程中，得到了各博士生培养单位及有关专家的热情支持，也得到了博士生导师和博士研究生们的热情支持，谨此表示感谢，并希望今后继续得到各方面的支持和帮助，使更多的优秀博士论文入编"文库"。提高图书情报与档案管理学科博士生培养质量是一项复杂的系统工程，需要博士生、导师、培养单位及其他相关各方的共同努力，博士生自身的努力尤其重要。让我们共同努力，为繁荣我国的图书情报与档案管理研究做出贡献。

北京大学哲学社会科学资深教授　吴慰慈

2020 年 9 月

总序二

中国图书馆学会编译出版委员会与国家图书馆出版社合作，计划连续出版《图书情报与档案管理博士文库》，每年从全国图书情报与档案管理学科的博士学位论文中，经推荐和评审，择优以专著形式出版若干篇博士论文。这对我国图书情报与档案管理学科的博士生培养和学科发展是很有意义的事。

研究生教育尤其是博士研究生教育作为科技第一生产力、人才第一资源、创新第一动力的重要结合点，在各项事业的发展中具有不可替代的作用。博士研究生教育作为国民教育的顶端和国家创新体系的生力军，是高层次拔尖创新型人才的主要来源和科学研究潜力的主要标志。30多年来，我国的图书情报与档案管理学科博士研究生教育有了长足的发展，形成了完整的培养体系。图书情报与档案管理一级学科博士学位授权点已超过十个，每年招收博士研究生百余名，为相关领域的学界和业界输送了数量和质量可观的高层次人才。

博士研究生在导师的指导下进行研究性和创新性学习，受到严格的学术训练和浓厚学术氛围的熏陶，完成学业有很高的要求。根据我国博士研究生培养条例的相关规定，要求博士研究生通过博士阶段学习，掌握本学科领域坚实宽广的基础理论和系统深入的专门知识，具有广博的相关学科知识，具备独立从事创新性科学研究的能力。有关研究表明，学者的学术生涯可以分为几个阶段，无论从年龄结构还是从学术积累的角度看，攻读博士学位期间无疑都是最为重要的学习、研究和创新阶段。许多重要的学术成果甚至诺贝尔奖成果都是在攻读博士学位阶段奠定的基础或直接取得的成果。博士研究生在攻读博士学位期间，要求选择学科的前沿问题或重要问题，进行多年的潜心研究，作为其研究成果集中体现的博士学位论文一般都包括本学科及相关学科领域的新问题、新知识、新观点、新思想、新理论和新方法，具有较高的学术水平和学术价值，是当前汗牛充栋的各类书籍中，较为优秀的学术著作，更是博士研究生群体可以直接参阅、借鉴并得益的范本，值得出版和推荐。

我们图书情报与档案管理学科每年产生数以百计的博士学位论文，基本能够反映本学科发展的前沿和趋势。虽然《图书情报与档案管理博士文库》只能出版其中的百分之几，但因为是优中选优，精益求精，更具有学术价值和学术效益。所以《图书情报与档案管理博士文库》的连续出版，既能为本学科积累一种有代表性的学术资源，又能对学科新人的成长有所激励和助益，从而能够促进整个学科的发展。

《图书情报与档案管理博士文库》的收录范围是整个图书情报与档案管理一级学科。我期盼通过"博士文库"这一遴选机制，不断推出图书情报与档案管理领域青年学者的精品力作。

武汉大学人文社会科学资深教授
武汉大学信息管理学院教授
2020 年 9 月

序

由秦小燕老师著的《科学数据素养能力指标体系建设》一书即将由国家图书馆出版社正式出版，我作为她的博士生导师，在此表示热烈的祝贺！

小燕本科就读于燕山大学环境工程系，硕士毕业于北京航空航天大学环境工程系，2006年毕业后即选留在学校图书馆工作至今，先后做过信息咨询、学科服务、资源建设等工作，现担任资源建设部主任、馆长助理。她在多年的图书馆工作实践中，结合自己的学科专业知识、科研能力和图书馆信息服务专长，一直在学校为本科生讲授全校通识类课程"信息检索与网络应用"，在教学过程中积累了十分丰富的教学经验，并具备十分扎实的信息检索与利用方面的知识与能力。

她于2014年被中国科学院文献情报中心录取，开始攻读博士学位。我和她共同讨论将其研究领域确立为"科学数据素养"的研究，一方面是结合了她本人的信息检索专长及教学经历；另一方面也是有感于"数据"领域的快速发展对信息检索与利用教学提出的新要求，即信息检索与利用不仅仅是文献、信息，还包括数据。科学数据素养的研究不仅是信息检索教学的需要，更是科学研究走向数据密集型范式的发展需要。

经过4年在职博士研究生的学习，小燕不仅很好地完成了学业，而且在以科学数据素养为主题的研究上取得了明显的突破。传统的信息检索教学以文献为基本内容，所谓的信息素养更多是图书馆素养，如以美国图书馆协会为代表发布的《高等教育信息素养框架》。虽然这些年来，信息检索教育的内容已经开始拓展延伸到更多的信息领域，但总体上对数据素养的研究与教学仍不够重视，也缺乏可资参考和借鉴的有关数据素养的能力标准与指标体系。因而这一研究具有十分重要的现实意义，对于丰富信息检索的内容、体系、框架等都具有非常积极的推动和影响。

数据与信息不同。信息是非常宽泛的概念，任何有用的知识都可称为信息。而数据则是具有量化意义的信息，是信息的一种具体体现形式。在以数据密集型的科研范式为主体的研究活动中，数据具有多维度和关键性的作用。没有数据，科学研究就失去灵魂。因而，在信息的检索和利用中，如何加强数据素养及其能力的培养，已经成为信息检索课以及信息素养能力培养的重要挑战与重要任务。

小燕结合自己多年的信息检索课教学经验，将科学数据素养能力作为博士论文主题，构建了一套科学数据能力指标体系，并通过实证来论证了其指标的科学性、应用性。对于这一主题的研究，作者下了非常大的功夫，研究过程严谨，研究方法科学，研究结果具有良好的理论价值和实践指导性。我作为导师对该研究有很好的评价，而且答辩专家对其的评价也很高。

2018年12月，中国图书馆学会编译出版委员会与国家图书馆出版社合作，决定推出一套《图书情报与档案管理博士文库》，各学校可推荐本校的优秀博士论文，中国科学院文献情报中心（中国科学院大学图书情报与档案管理系）推荐了小燕的博士论文。编译出版委员会和国家图书馆出版社的专家经过评阅和投票，小燕的博士论文被一致推优出版。这是一种高度的认可，也是一种荣誉，更是对青年图情学者的一种莫大的支持。

多年的研究生指导以及在学术、业务等多方面的接触让我对小燕有了更多的了解。她思想品质好，为人坦诚，待人和善，低调做人，认真做事，业务能力很强，管理能力也在更多地显现，是北京航空航天大学图书馆的业务骨干，也是国内信息素养研究与教学的中坚力量。我还了解到，不久前，小燕经过激烈竞争，通过了北航副高级职称的评审，这也是一件大事，可喜可贺。

在此，我特别感谢编译出版委员会的各位专家慧眼识珠，对小燕的博士论文给予充分的肯定和高度的评价，感谢国家图书馆出版社将小燕的博士论文作为《图书情报与档案管理博士文库》的首批入选图书正式出版。我作为导师，特别愿意看到自己的弟子能有更多更高水平的研究成果发表或出版，也希望他们在今后的业务实践与学术研究两个领域能不断有新的业绩和新的成果，这既是自己研究能力的一种体现，也是对学科学术以及行业与社会的一种贡献。

期待小燕及更多的青年学者尽快更好地成长，为图情事业的发展做出更多更大的贡献。

中国科学院文献情报中心期刊出版运营总监
中国科学院大学图书情报与档案管理系主任

2020 年 10 月

目　录

图目录

表目录

1 引言

大数据环境下，越来越多的研究和决策建立在海量、复杂的数据基础之上，各行各业都在利用数据来挖掘其竞争优势。政府和公众都对数据给予高度重视，数据驱动科学、数据驱动决策、数据驱动创新的文化氛围与时代特征日益明显。科学数据是知识发现与科技创新的重要基础，对科学数据的管理和利用能力成为科研人员的必备素养，关于数据获取、利用、管理及其共享等行为的相关研究，成为各个学科领域的重要议题，科学数据素养教育的重要性受到越来越广泛的关注。

1.1 数据密集型科研范式的兴起

21世纪以来，随着计算技术、通信技术和传感技术持续快速的发展和应用，人类进入大规模生产数据的时代。数据的激增和技术的进步，使得数据的价值和效用不断提升，以前所不能记录、测量和分析的事物都可以被数据化，人类的数据能力和范围在快速扩张，知识的边界也在不断延伸。尤其在科学研究领域，从自然到社会，从宏观到微观，海量、复杂、多元的数据通过计算、观察和传播等仪器设备源源不断地产生，几乎每个学科都面临着空前的数据爆炸，科研活动环境与实践模式发生着巨大的变革，科学研究进入了大数据时代。数据作为科学发现与知识创新的重要源泉，其大量产生与利用，标志着很多以前难以解决的科学问题、无法进行的科学研究，甚至意料不到的突破性的科学发现，都成为可能。近年来，国内外众多科研成果不断证实了这一点（CODATA 中国全国委员会，

2014），这是大数据为科学研究带来的机遇。

然而，对于各学科领域来说，大数据也是巨大的挑战，数据的激增意味着科研方法的革新，科学发现越来越依赖于科学数据这种重要的学术资源。2007年，计算机图灵奖得主吉姆·格雷（Jim Grey）首次提出了科学研究的"第四范式"，即以数据密集型计算为基础和中心来思考、设计和实施科学研究的科学研究范式；2009年，微软公司开放创新部门副总裁T. Hey等（2012）编辑出版了《第四范式——数据密集型科学发现》，该书进一步强调了数据密集型科研范式的科学意义。但是，随着数据规模、复杂程度和产生速度的增加，数据获取、管理、分析和应用的难度必然增大。如何有效管理数据并保证其流动性与可获取性，如何集成和融合多种来源、多种类型的复杂数据，如何快速高效处理数据并挖掘信息和知识等，成为科研人员在大数据环境下实现科研创新与发展而需要有效解决的关键问题。解决这些问题不仅依赖于研究和应用的新技术、强大的数据基础设施、配套健全的科技政策，以及科研体制的转变，更依赖于具备科学数据素养的新型人才的培养。科研人员的思维和行为模式急需变革，对数据进行收集、分析、管理和利用的能力需要实现巨大跨越，这样才能满足大数据时代日益网络化、协作化的科学研究活动的要求。

1.2 数据战略政策的发展

随着科学研究向着数据驱动的方向发展，数据开放和共享的意义和价值得到了社会各界更为全面和深刻的认识，认为数据需要以尽可能少的限制供人们自由获取和使用。数据的广泛重用，不但可以降低数据收集的总成本，而且极大限度地实现了数据价值的再生。同时，数据的开放共享对于科学体系保持自我纠错的能力至关重要。正如国际科学理事会在其五年规划中所描述的一样，"科学数据和信息越来越多的开放获取，使全球科学家足不出户即可获得最新的研究数据。数据的二次分析、多源数据的结合，正在开辟令人振奋的新的科学视野。科学出版实践日新月异"（ICSU，2005）。

因此，无论在国际层面还是国家层面上，数据开放正在成为科学政策中至关重要的一个方面，并已逐渐趋于成熟和系统化。目前，一些国家政府、科研资助机构、科研教育机构、学/协会和出版机构，制定和发布了与数据存档或数据共享有关的规定和政策，推动科学数据开放共享（刘细文，2009；崔艳，2016）。数据作为科学研究的基础，其共享是合作研究的必要条件。因此，长期以来国际上主要的科技合作活动和项目通常都会将确保数据在成员间的共享作为一项重要原则纳入其基本文件中。早在2003年，德国马普学会发起的柏林会议上，德国、法国、意大利的科研机构共同签署《柏林宣言》，明确指出开放获取内容应该包括原始科学数据（REDALYC 等，2008）。2004年，世界经济合作与发展组织30个成员国的科技部长签署宣言，提倡所有获公共资金资助所取得的研究数据都应被公众获取与共享，其2007年发布的《开放获取公共资助科学数据的原则和指南》，对开放数据的范围和定义进行了明确界定（OECD，2007）。英国皇家学会于2012年发布了《科学是开放的事业》，全面地分析了数据开放的益处，促进科学家积极开放并重用科学数据（Royal society，2012）。美国白宫科技政策办公室（OSTP）的开放政府政策指出受联邦资助的科研项目产生的数据都应存储并提供公共访问（Holdren，2013）。欧盟在"Horizon 2020"指南中大力推动研究数据开放获取（European IPR Helpdesk，2014）。我国国务院也在2015年发布了《促进大数据发展行动纲要》，明确提出"积极推动由国家公共财政支持的公益性科研活动获取和产生的科学数据逐步开放共享"（中国政府网，2015）。科学数据的开放存取与共享逐渐成为新的趋势，越来越多的科研资助机构出台了鼓励或要求研究数据开放存取的政策，其中最为典型的案例是美国国家科学基金会（National Science Foundation，NSF）要求基金项目申报者，在2011年1月18日以后提交项目申请时，需要同时提交"数据管理计划"，以说明如何遵守美国国家科学基金会的数据共享政策，详细阐述研究所生成的数据资源如何用于管理、维护和发布，并于2015年3月发布《国家科学基金会公共获取计划：今天的数据，明天的发现》，以促进其自主的科学数据等研究成果的开放获取（NSF，2015）。除此之外，期刊出版界日益认识到学术交流体系从以文献为中心向重视数据交流转变的必然趋势，也开始将科研产出的数据集或支持学术论文中研究结果的数据开放作为论文出版的条件（刘晶晶等，2015）。这些都在促使数据开放成为科学的普遍原则。所有这些努力的目的是促使由政府资助的研究所产生的数据能够开放获取。

数据政策的发展，一方面需要使开放科学和开放数据的原则被广泛接受，为数据环境的健康营造、数据价值的充分发挥、科研的良性竞争和持续进步保驾护航；另一方面，需要培养科研人员尽快地了解数据政策，掌握数据从产生、应用到共享的标准规范，积极融入开放科学事业。

1.3 图书馆数据管理职能的拓展

随着科学数据管理与共享的重要性得到全球科学界日益广泛的认可，世界各国科研资助机构相继制定了若干科学数据管理政策，对科学数据管理计划和数据开放共享做出了相应要求。而对于科研人员来说，由于时间、精力有限，以及各方面的条件支撑不足，并未做好科学数据管理与共享的充分准备。图书馆作为信息资源中心，在传统文献信息的组织和管理等方面有着丰富的经验，因而，在科学数据管理、服务方式创新、知识发现等方面，同样可以发挥不可替代的作用。

美国大学与研究图书馆协会（ACRL）研究规划与审查委员会在2014年所确定的学术图书馆主要趋势中指出了与数据有关的议题，强调开放数据和数据管理计划的重要性日益增加，大数据将推动新举措、新服务以及各类资源的开发与部署，以满足科研过程中不同阶段的学术需求。这些趋势和问题深刻影响着图书馆和图书馆员，特别是学术型和研究型图书馆（Association of College and Research Libraries，2014）。在数据开放与共享的大趋势下，图书馆为满足读者科研信息需求日益多元的转变，逐渐从传统文献服务转向科学数据服务，通过对海量数据资源的存储、组织和挖掘，与各学科科研人员建立良好的联系，搭建开放、共享的数据平台，为科研人员提供个性化的数据管理和共享服务。图书馆在数据管理服务方面的职能拓展，为数据素养教育提供了必要条件。

1.4 数据素养的内涵演变

1.4.1 传统意义的数据素养

数据素养（Data Literacy）的内涵在不同时代和不同领域中存在差异。传统的数据素养概念多集中于社会科学和商业领域，是由统计素养（Statistical Literacy）、量化素养（Quantitative Literacy）等概念衍生而来，侧重于数据的获取、分析和总结。其"数据"通常是指需要使用统计或电子表格软件进行分析的数字数据集，统计数据是指编制或汇总的数据（Peter and Kellam，2013）。在欧美等发达国家的高等教育中，早在20世纪80年代就开始了量化素养、统计素养的教育研究（Rivera-Batiz，1992），量化素养被定义为在日常生活中解读和交流数字和数学信息的能力（Steele and Kilic-Bahi，2008），通常与数学素养、量化推理和计算能力等具有共同特征，强调与解决问题、推理和现实应用有关的技能，其中一个重要的组成部分就是统计素养（Steen，2001）。I. Gal（2002）认为统计素养包括两个相互关联的能力，一是对不同情境中的统计信息（如与数据相关的参数或随机现象）进行解读和批判性评价的能力；二是在讨论和交流中对统计信息（如信息含义或统计结果）的反应和理解能力。关于数据素养，有人等同于统计素养，也有人认为两者之间存在差异。从已获取的文献来看，较早关于数据素养的论述是K. Hunt在2004年发表的文章，他探讨了将数据素养与本科课程整合的挑战，认为数据素养是指发现、操作和解释数字数据的能力。2004—2005年，美国加州大学洛杉矶分校图书馆为社会科学本科生设计了信息和统计素养课程，并设立了两个阶段的数据素养教育研讨会。A. Rubin（2005）认为，具备数据素养的人有使用数据的意识，并能使用合适的数据和工具为解决方案提供支持。Hogenboom等（2011）认为数据素养是阅读、解释、分析、批判性思考数据以及将数据作为证据的能力。加州大学洛杉矶分校E. Stephenson等（2007）强调在社会科学领域，数据素养是指有效而恰当地发现、评估与使用信息和数据的一种意识和能力，与统计素养和量化素养密切相关，被视为本科生信息素养的一个关键能力。M. Schield（2004）针对社会科学和经济学领域，认为数据素养教育应扩展统计素养内容，数据素养包括理解数据内涵、解读图表信息、对数据进行获取、评价、操作、总结和表达的一种能力，而统计素养则强调批判性地解读统计结果的能力，二者都是信息素养的组成部分，并指出批判性思考（分析、解释和判断）是数据素养、统计素养和信息素养的共同特点。

1.4.2 E-Research 时代的数据素养

随着电子化科研的兴起，E-Research 扩展了 E-Science 和网络基础设施所支撑的研究活动的学科范围，从自然科学和工程领域扩大到包括人文和社会科学在内的全部学科（Crane 等，2007）。数据的内涵也更加丰富，所有存储在计算机上的信息，无论数字、文本，还是音频、视频，都统称为数据。数据学术成为 21 世纪科学研究的显著特征（Hey，2005），数据驱动创新，数据驱动决策的科研新模式对行业与个人都产生了重要影响，E-Research 环境下数据产生与收集、记录与处理、存储与备份、发表与共享等相关问题的复杂性与专业性，对科研人员的数据处理能力有了更高要求。很多学者开始敏锐地察觉数据能力对科学研究的现实意义（Hey，2006），并开展了大量学术研究。科研领域的数据素养逐渐引起关注，并被赋予更丰富的内涵和特征，所包含的知识和技能以及教育的目标和内容发生了一定的变化，其内涵也从数据的获取与利用拓展到数据管理与共享的范畴。

西班牙卡洛斯三世大学的 J.C. Prado 和 M.Á. Marzal（2013）在探讨开放数据与 E-Science 给科学研究带来影响和挑战的基础上，将数据素养定义为在科研项目或科研组织中，个人能够访问、解释、批判性地评估、管理、处理数据，并能合理地使用数据的能力。此处的数据管理，包括数据保存与监护。美国西北教育研究中心的 E.B. Mandinach 和 E.S. Gummer（2016）将数据素养定义为"能够有效地理解和使用数据来支持决策的能力"。他们认为数据素养是由一个特定的技能集和知识库组成的，使教育工作者能够将数据转化为信息，最终转化为可操作的知识。加拿大达尔豪斯大学的 C. Ridsdale（2015）等认为数据素养是以一种规范的方式收集、管理、评估和应用数据的能力。

近年来，学者们也在不断丰富数据素养的内涵，并产生了与之相关的一些术语。美国密歇根州立大学J. Carlson等（2011）和瑞士学者R. Schneider（2013）分别使用"数据信息素养"（Data Information Literacy）和"研究数据素养"（Research Data Literacy），强调数据素养不仅要考虑数据消费者的行为，也要满足数据生产者的需要。J. Carlson等（2011）将数据信息素养定义为"了解数据的含义，包括如何恰当地阅读图表、从数据中得出正确的结论，以及识别数据使用过程中的错误或不恰当方式"。R. Schneider（2013）认为"研究数据素养"是"研究数据"和"信息素养"两个概念组合而成，属于研究数据管理的学科范畴，指的是科研人员在科研数据管理过程中对研究数据进行查找、分析、组织、表达和评估的能力。美国雪城大学信息学院教授J. Qin和J. D'ignazio（2010）提出"科学数据素养"（Science data literacy）的概念，认为是"理解、使用和管理科学数据的能力"。

1.4.3 大数据视域下的数据素养

随着大数据的兴起以及对海量数据的处理需求，各领域都围绕大数据展开深入研究，与大数据相关的研究方法与工具得到不断开发与应用，整个信息产业界和科技界都在积极应对海量数据环境所带来的挑战。由于网络存储海量数据能力的大幅提升以及当今高度发达的信息和通信技术（ICT）基础设施的建设，学术界对自然科学、社会科学以及人文艺术中的科学数据产生了极大兴趣（Boyd and Crawford，2012）。2012年，美国奥巴马政府启动了"大数据研究与发展项目"（Gianchandani，2012）。该项目引发了学者对科学数据更多的关注，并开始思考科研工作者在大数据环境下面临的数据管理、数据出版、数据引用以及数据共享等一系列问题。科学数据素养在科学研究全生命周期中的影响也越来越重要，成为科研人员的必备能力。

国内学者从2011年开始关注数据素养的研究，并产生了一批具有代表性的观点和研究成果。张静波（2013）认为数据素养主要指"研究者在科学数据的采集、组织和管理、处理和分析、共享与协同创新利用等方面的能力，以及研究者在数据的生产、管理和发布过程中的道德与行为规范"。缪其浩（2013）阐述了大数据时代个人在数据处理、数据分析或相关技术平台领域工作的要求，探讨了数据意识与数据素养之间的关系，认为数据意识是从认知层面要求大众知道数据有意义、有价值，以及认识到数据管理不善所带来的危害；而数据素养是从能力层面要求能够理解本行业、本专业的数据问题和意义，能够与数据专家对话，使数据产生价值。孟祥保等（2014）认为"科学数据素养与信息素养类似，包括数据意识、数据管理知识与数据管理技能三个层次；科学数据素养具有周期性，强调对科学数据展开的收集、加工、评价、管理和利用的活动，注重在科学研究基本流程中所需要的各种管理数据的技能；科学数据素养更为强调分析数据、展现数据的能力以及数据管理工具的使用"。黄如花等（2016）认为数据素养包括三个方面，即数据意识、数据能力和数据伦理，数据能力指贯穿于数据生命全周期的数据采集、表示、描述、发现与检索、选择与评价、分析、利用、引用、整合、复用、保存、管理等一系列活动所需的技能。胡卉等（2016）认为数据素养强调的是"一种正当地发现和获取数据、客观地选择和评估数据、规范地管理和处理数据、合理地利用和共享数据的意识和能力，包含意识、知识、能力、道德四个层面的内容"。沈婷婷（2015）从科学数据管理的视角论述了数据文化、数据意识、数据技能的概念，并分析和探讨了数据素养对科学数据管理的影响。李立睿等（2016）强调数据密集型科研环境下科学大数据辨识技能、分析技能、展示技能等方面的数据素养，并认为在此基础上，科研用户能够通过了解专业领域的数据管理规范和数据质量标准，充分利用自身专业技能，对科学大数据集中进行数据挖掘和知识发现。

1.5 数据素养的教育发展

数据素养教育是个跨学科、跨组织的新兴领域，其教育目标有两重含义，一个是培养学生和研究人员成为熟练利用数据的科学工作者，另一个是培养其成为专业的数据管理人员（Qin 和 D'ignazio，2010a；Schneider，2013）。M. A. Haendel 等人（2012）指出应该将数据素养和信息素养教育与科研训练相结合来建立新的学术准则，使研究人员更明确地意识到研究数据是学术交流的重要基础和主要来源。基于对 E-science 科研环境变化以及数据管理需求的洞察，科学研究领域的数据素养教育在国外已经得到重视并展开了相关研究，主要集中于以下几个方面：国家政府、科研资助机构、行业组织等出台系列政策支持"数据素养项目"研究；以图书馆为主体的教育机构开展了数据素养教育实践，形成一些基本模式和课程内容设置。

1.5.1　数据素养教育项目研究

在国外，一些行业组织、基金机构较早意识到数据素养教育研究的重要性，投入大量资金推动数据素养项目研究，提高科研人员 21 世纪基本的批判性思考技能和科研创新能力。英美两国在数据素养教育方面走在国际前沿，并取得较多实质性研究成果。2004 年，国际社会科学信息服务与技术协会（IASSIST）开始关注并支持数据素养的相关研究。欧盟"欧洲数据基础设施"（EUDAT）项目获得"地平线2020研究与创新计划"资助，通过完备的数据服务和先进的技术解决方案，支持多种学科的科研团体和个人应对海量科学数据管理的基本要求和挑战。

2007—2009 年，由美国自然科学基金（NSF）资助，雪城大学信息研究学院的 J. Qin 教授开展了科学数据素养教育方面的研究，通过调研大学教职员工在数据管理方面的实践和态度，基于知识管理的理论，面向科学和技术等专业的本科生和研究生提供科学数据管理课程，以培养科学领域的学生管理数据的技能，项目也重点研究元数据在科学数据素养课程中的作用。该课程由 STEM 教学团队负责设计和提供，由以下基本模块和主题构成：①科学数据和数据管理的基本原理，包括科学数据生命周期、数据库、数据类型、数据集的描述和数据管理；②数据综合管理，包括数据采集、数据和用户和组织计划；③科学数据管理方面更广泛的问题，包括存储实践、数据监护、可用技术、数据描述和数据共享（Qin 和 D'ignazio，

2010b）。

在大学预科的教育领域，肯特州立大学教育技术研究中心在NSF的资助下，于2008—2009年，开展了一个跨学科运用数据思考（Thinking with Data，TWD）项目，为七年级学生开发四个整合的数据素养模块，包括社会学研究、数学、科学和英语语言艺术课程。这些教育资源的开发旨在达到以下三个素养目标：①学生能够理解数据与情境的相互关系；②能够使用合适的数据、工具和描述方法；③能够理解证据之间的关系。这些目标和具体指标的最显著特征就是对于数据评价、理解和使用的批判性思考（Prado和Marzal，2013）。

2010年，第76届国际图联（IFLA）大会在瑞典哥德堡召开，社会科学数据素养成为会议主题之一。美国博物馆与图书馆服务协会（Institute of Museum and Library Services，IMLS）也资助了一系列项目，包括密歇根大学信息学院的数据素养项目，以探究培养科研人员数据搜集、整理及运用的能力等；马萨诸塞州大学医学院拉马尔苏特图书馆和伍斯特理工学院乔治戈登图书馆于2012年为科学、医学和工程学研究生和本科生开发了一组数据管理课程框架，并已建立了关于数据保存、管理和共享方面的七个在线教学模块：①科研数据管理概要，学生应该理解科研数据、数据生命周期、数据管理需求，以及数据管理对于项目成功的影响；②数据类型、阶段、格式，了解各种数据类型、数据格式、数据采集方法和政策；③元数据，知道元数据是什么，如何确定项目适合的标准和实践；④数据存储、备份和安全，理解这些工作的重要性和最佳实践的标杆项目；⑤法律和伦理方面的问题，理解数据使用过程中涉及的法律和道德问题，包括知识产权、隐私权和数据引用；⑥数据共享和重用政策，理解开放科学和开放数据的意义，明白数据再利用的条件，知道数据格式转换，并建立数据访问标准；⑦数据归档和存储计划，明确数据存储政策和目的。2011年，普渡大学、康奈尔大学、明尼苏达大学、俄勒冈大学图书馆受IMLS资助，联合开展针对特定专业研究生教育的"数据信息素养"（Data Information Literacy，DIL）项目研究，共组建了五个图书馆团队，每个团队包括一名数据馆员、一名学科馆员和一名院系教师。这个计划旨在发展特定学科领域的研究生数据素养教学，共有三个核心目标，即：在图书馆社区建立数据素养技能的基本架构；使学生掌握符合其学科专业背景的数据素养技能；为图书馆员制定严格的程序，向用户清楚地解释数据素养课程的内容（Carlson等，2013）。2010年，剑桥大学图书馆受英国联合信息系统委员会（JISC）资助开展数据管理培训项目，开发面向不同学科的数据管理培训模型，主要创建了针对考古学和社会人类学研究生的数据素养教育模型——DataTrain等（Cambridge University Library，2015）。

总之，国外科研人员的数据素养教育受到了政府、行业组织、数据中心等的高度重视，并制定了一系列相应的政策，这对数据素养教育大环境的形成起到了良性推动作用。数据素养的研究项目逐渐从科学数据管理的角度延伸到科学数据素养的教学和培训，着重于数据技能教学实践的探索。

近年来，我国逐步加大对数据素养的研究支撑力度，如2014年教育部人文社会科学研究基金青年项目"数据素养对科学数据管理的影响及对策研究"、2016年江苏省高校哲学社会科学研究项目"大数据时代高校图书馆员数据素养的教育研究"、2017年国家社科基金青年项目"大数据时代图书馆数据素养教育理论建构与实践创新研究"等系列项目获批资助，充分诠释了国家对于数据素养教育的大力支持。

1.5.2　数据素养教育实践进展

自美国国家科学基金会、国立卫生研究院等科研资助机构，英国高等教育拨款委员会、英国研究理事会、惠康基金和研究信息网络等出台系列数据管理与共享政策，科研数据管理的需求更加紧迫，并引发了很多研究型大学图书馆对于数据管理技能培训和咨询的重视。高校图书馆充分发挥其资源优势和教育职能，为科研人员提供科研数据管理服务，并面向师生开展数据管理培训与数据素养教育，应对数据开放带来的挑战。

通过调查，国外图书馆数据素养教育的基本模式大致分为三类：①科学数据管理资源导航与服务。该方式较为初级，主要依靠网络平台，梳理与科学数据管理相关的资源目录，方便科研人员初步了解数据管理的概念、政策和工具，理解数据管理的意义和方法。欧洲和美国的大多数高校图书馆采用 Libguides 平台来实现这种较为基础的数据素养教育形式，这是对科学数据管理的总体介绍和分类梳理。例如，华盛顿大学图书馆的"数据管理指南"（University of Washington Libraries，2015），麻省理工学院图书馆的"数据管理"（Massachusetts Institute of Technology，2015a）与"查找社会科学数据"（Massachusetts Institute of Technology，2015b），耶鲁大学图书馆的"研究数据管理"（Yale University Library，2017），澳大利亚大学图书馆的"科研数据管理"（Australian National University Library，2017）等，这些平台均围绕"科学数据管理"这一主题概念，介绍数据政策、数据管理计划、数据资源与获取办法、数据组织与存储、数据出版与共享平台等相关内容，以及图书馆所能提供的相关服务。②科学数据素养通识教育。其教育内容比资源导航更深入，教育形式也更丰富，包括开设在线课程、专题研讨会、选修课程等。主要面向本科生、研究生或科研人员，围绕数据生命周期或科研生命周期，推广和普及数据管理和利用的基本理论和方法，介绍数据管理的知识、数据分析工具的操作方法、数据出版流程和数据伦理等，有些课程还介绍图书馆的数据管理平台。例如，2014年俄勒冈州立大学图书馆面向全校各个学科的研究生，开设数据信息素养课程，使其掌握数据素养核心知识和技能，以支持研究数据规划、管理、保存和共享方面的长期实践（Whitmire，2015）；爱丁堡大学图书馆的 MANTRA 教育项目设计了数据管理培训平台，引导科研人员学习数据管理计划模块（University of Edinburgh，2015）；布里斯托大学开展科研数据训练营（University of Bristol，2015）；明尼苏达大学双城分校图书馆针对研究生新生开设免费在线视频课程"数据管理"（University of Minnesota Libraries，2015）；宾夕法尼亚州立大学图书馆围绕数据管理平台 ScholarSphere 组织"数据管理研讨"等（Penn State University Libraries，2017）。这些形式多样的通识教育课程，既有效提升了师生的数据素养水平，又宣传了图书馆的数据管理服务。③学科专题数据素养教育。通常采用嵌入式教学或开设数据空间等形式，来满足特定学科的学生或研究人员的需求。根据数据生命周期纵向设计，在不同学科中展开横向设计，进行有针对性的专业培训，内容更加系统和深入。从2008年起，普渡大学即开设了一系列数据素养实验课程，图书馆员与学院（地球与大气科学学院、农业学院等）教师一起合作，为高年级本科生、研究生提供结构灵活、内容丰富的数据教育课程，以学生为中心，尽可能将每个学生的特定研究领域纳入其中，围绕着完整的数据循环，从发现、获取到转换、操作、分析，以及数据可视化、元数据和数据共享等方面开展教学指导，并及时进行课程评价和策略调整（Carlson and Bracke，2015；Fosmire and Miller，2008）。弗吉尼亚大学图书馆针对工程学、人文科学、生命科学、物理学和社会科学等开展了"数据管理系列培训"（University of Virginia Library，2015）。哈佛大学图书馆针对社会科学和天体物理学开展了"Dataverse使用基本培训"（Harvard Library，2017）。剑桥大学图书馆面向考古学和社会人类学开展数据培训等（University of Cambridge，2017）。

国内的数据素养教育实践起步较晚，部分组织、科研机构、高等院校近年来才开始积极探索数据素养教育，但大多停留在讲座和主题培训等形式上，围绕数据获取和数据技能培养展开，尚未形成系统性的教育研究项目与培训课程。国际数据委员会（CODATA）在中国每年召开科学数据大会，围绕大数据和数据科学进行深入探讨，并开设"数据科学家"培训课程等。部分有条件的图书馆进行了数据素养教育的有益尝试，如中国科学院文献情报中心为地球科学专业的研究生开设"地球科学数据管理"课程，同时邀请国外专家为图书馆员举办短期培训班，讲授"科研数据管理与服务实践"（胡卉等，2016）；北京大学图书馆（2017）开设专题讲座"统计数据的查询与获取"；中国人民大学图书馆的"科学研究的重要佐证——统计数据的查找与获取""SPSS统计分析入门"，上海交通大学图书馆的信息素养专题培训"研究数据的检索与利用"；复旦大学图书馆建立了数据服务平台Dataverse等。

1.6 数据素养能力评价研究

数据素养评价是数据素养研究的重要组成部分，构建数据素养能力标准是衡量科研人员数据素养水平与指导数据素养教育实践的基础。关于数据素养所应该包括的核心能力，目前已经得到业界学者的广泛关注，很多不同领域的学（协）会以及专家学者，都开展了一定的研究，然而，由于具体应用情境和研究角度的不同，其对数据素养的观点和看法也不尽相同。

1.6.1　不同领域的数据素养能力评价

在公共领域，开放知识基金会组织开展的"数据学院"（School of Data）项目提供了一系列公共领域应该熟练具备的与数据素养相关的训练模型，包括数据概念、数据获取途径、基本的数据分析和图表工具使用方法、数据批判性评价以及利用数据支撑决策（Open Knowledge Foundation and P2PU，2012）。澳大利亚统计局（Australian Bureau of Statistics，ABS）于2010年确定了公众应该具备的数据素养能力：①数据意识，包括数据是否具有相关性、数据从何而来、如何收集数据、数据是否满足要求；②理解统计概念的能力，包括统计的基本表现形式、比例的不同类型、更加复杂的统计概念；③分析、理解和评估统计信息的能力，包括组织数据，为不同的数据表示法而构建图表，描述并总结基础数据，选取、理解和解释不同类型的数据，理解数据相关情境；④表达统计信息与相关协议的能力，包括如何报道数据，ABS数据机密（Australian Bureau of Statistics，2010）。加拿大统计局在《统计：数据的力量》中列举了一系列关于数据的批判性使用能力，包括在日常生活中了解统计资料的使用，如何设计和实施调查，最常用的抽样方法，数据处理、组织和表达，以及统计信息可能带来的偏差（Statistics Canada，2012）。

在社会科学领域，数据素养教育主要集中于数据恢复、处理和关键应用。伊利诺伊大学厄巴纳-香槟分校图书馆学者Hogenboom等（2011）根据教育者的反馈，认为数据素养教育的一个重点是"帮助数据使用者定位、访问、提取、定制和评估数据"。Wong（2010）强调学生应该能够：①描述社会经济数据是什么；②描述社会经济和科学数据之间的差异；③在各种社会经济数据中，制定切实可行的策略；④在可靠性和权威性的基础上评估数据质量。E. Stephenson 等（2007）指出一个社会科学信息素养项目的数据素养模块应该强调以下几个方面的能力：①阅读和批判性评价简单的2×2或2×3图表的能力；②为数据图表提供准确的书目引用的能力；③使用American FactFinder创建图表，并能够正确引用和描述的能力；④能够阅读包含数据图形的文章，并根据文章内容进行解读。

在高等教育中，很多著名大学在数据素养相关能力的研究方面做出了有益实践，主要从数据管理的角度出发。

2011年，J. Carlson等学者在普渡大学、明尼苏达大学、康奈尔大学和俄勒冈大学图书馆共同开展的数据信息素养项目（Data Information Literacy，DIL）的基础上，为地理信息学科开展数据信息素养教育，通过对教师的访谈以及对学生学习成绩的评估，结合ACRL的信息素养能力标准，构建了基于数据生命周期的"数据信息素养核心能力集"，由12项核心能力构成，详见表1-1。

表1-1　数据信息素养核心能力

核心能力	能力描述
数据库和数据格式	了解关系数据库的概念，如何检索这些数据库，熟悉学科领域数据的格式与类型标准；了解适用于不同研究问题的数据类型和格式
数据的发现与获取	查找与利用学科领域的数据仓储；不仅能够识别合适的数据来源，而且在需要时导入和转换数据，以备后续处理工具利用
数据管理与组织	了解数据生命周期，创建数据管理计划，并能够跟踪记录各子数据集的关系以及对原始数据集的处理过程；创建标准的数据管理和存档程序
数据转换与互操作	熟练掌握数据的格式转换；了解数据格式转换时的潜在风险和损失；了解将数据转换为标准格式对数据再利用的优点
数据质量保证	识别并解决任何数据造假、数据缺失、数据损坏等问题；利用元数据促进对数据潜在问题的理解

续表

核心能力	能力描述
元数据	理解元数据的基本原理，熟练利用元数据进行数据标注与描述，供自己或他人更好地理解和使用；能够解读外部数据源的元数据。理解本体的结构和意义，促进数据共享
数据监管与重用	确认数据具有除原始用途以外的价值，可以支持研究验证或供他人使用；理解尽管数据监管是一项复杂而且耗时费力的工作，但对于数据驱动的科学研究至关重要；认识到数据必须从创建之初即做好贯穿整个生命周期的监管工作；清楚地阐明数据监管计划与实施步骤
数据实践规范	了解特定研究领域、学科或子学科的数据管理、共享、监管、保存的实践、价值和规范；了解其研究领域的元数据、数据质量、数据格式等的相关标准以及应用方法。
数据保存	了解数据保存的意义与成本；了解数据保存的技术、资源与组成部分；采用数据保存的最佳实践以实现数据价值与再生
数据分析	熟悉学科领域数据分析的基本工具；使用适当的工作流程管理工具完成重复性数据分析工作
数据可视化	熟练使用基本的学科领域数据可视化工具；避免数据展示时的误解和模糊解释；了解不同类型数据可视化方法的优势，如地图、图形、动画或视频
数据伦理包括数据引用	知识产权、数据隐私和保密问题；合理合法使用外部数据源

2013年，弗吉尼亚理工大学图书馆成立了数据素养咨询组（Data Literacy Advisory Team，DLAT），成员由多个学科背景组成，旨在为学生、教师和科研人员提供科研和数据相关的制度框架，开发了"数据素养技能模型"（Ogier，2013），其中包括八个能力维度，每个维度分为初级、中级、高级三个层次的核心技能，以备师生能够从模块化框架中灵活选择自己所需要的学习内容，详见表1-2。

表1-2　弗吉尼亚理工大学图书馆数据素养能力模型

能力维度	核心技能		
	初级	中级	高级
数据管理与组织	定义数据、大数据、数据管理；数据管理最佳实践与课程；强调数据组织、引用与保密性	重视研究和实验伦理，数据存档和版本控制；重视实验笔记和数据管理档案	基金资助信息；本地数据管理计划（DMP）服务
数据转换与互操作	文件格式，包括特定学科的格式标准；非专有标准；主要副本和冗余存储；数据迁移的益处	数据迁移的时间和原因；仿真的优势与风险；定期或不定期数据清理	固定生成校验
数据共享与获取	数据管理实践对于研究人员之间数据共享的重要性；了解数据存储库；识别可信数据源与数据存储库	数据共享案例；美国科技政策办公室政策和联邦公共存取政策；撤稿观察网（Retraction Watch）案例	开放获取出版；本地机构知识库
元数据与质量保证	元数据作为文档、注释和描述；组织数据；图表标题；命名规则	元数据在数据共享中的重要性；使用元数据分析数据集；元数据架构与意义	学科架构；开放数据
数据科学	数据科学实例；大数据与数据科学；讲述数据故事	数据科学应用于编程、统计、领域知识、可视化；数据科学资源	可视化；数据挖掘；机器学习
数据监护	科研数据生命周期；数据再利用的潜力与价值	数据监护时间表；科研数据的复杂性；数据监护计划	数据监护的有效性与可重复性
数据保存与归档	了解数据归档；电子资源保存问题；数据保存的益处；数据利用与重用的价值潜力	数据保存是数据管理的组成部分；数据保存策略与技术；可重复性	数据保存的成本；本地存储库
伦理与责任	学术研究的伦理；科研准则；数据引用；知识产权和版权	实验伦理；数据所有权；机密和隐私；科研中的道德准则	知识产权和版权；开放获取；开放数据

J. C. Prado 和 M. Á. Marzal（2013）通过对已有的信息素养标准中涉及的与数据素养相关的指标（包括数据、统计、定量方法等）进行梳理和对比，构建了信息素养视域下的数据素养课程核心能力和内容体系，并将其转化为教学主题或单元，以方便理解和直接执行，详见表1-3，旨在促进图书馆以此作为基本参考框架，广泛开展数据素养教育。

表1-3　数据素养课程核心能力和内容体系

指标层	准则层	能力描述	具体内容
数据基础知识	什么是数据	具备数据意识，并能获取各种类型的数据	数据的定义；数据的类型（产生途径、展现形式、使用规范等）
	社会生活中的数据（知识和创新工具）	意识到数据在社会生活中的重要性，如何产生，由谁产生，在什么情况下应用，以及如何应用	数据的生产者和使用者；数据生命周期；数据应用；数据对于科学和社会的影响；版权和许可对数据重用的影响
发现和/或获取数据	数据源	能够了解并正确评价合适的数据源，根据信息需求或特定问题选择最相关数据源	数据源；评价数据的规则和标准
	获取数据	能够发现已有数据某种程度上不足以解决特定问题或需求，有效地获取相关数据进行研究	获取原始数据的主要方法；数据检索
阅读、理解和评价数据	阅读和理解数据	能够识别各种载体形式（文本、数值或图表）的数据，从所搜集的数据中提取、概括主要观点与思想	展现和重新呈现数据的方式；解读数据
	评价数据	批判性地评价数据	数据评价的标准（包括来源、获取和分析方法、可比性、数据推理和概括）
管理数据	数据和元数据的收集和管理	对原始数据和相关数据加以保存的意识，有序组织，加以管理，以备重复使用	元数据；数据管理工具；数据库；数据管理机构库；管理政策和实践
使用数据	数据处理	能够将获取的数据融入自身的研究体系	数据转换；掌握数据分析工具：本地（Excel，SPSS，Stata等）或在线工具

指标层	准则层	能力描述	具体内容
使用数据	数据整合	根据数据性质、调查目的和目标对象，能够以合适的形式进行数据整合并展现数据分析结果	选择合适的数据可视化工具（表格、图像等）；数据处理工具（基于分析工具或者单独的应用程序，如Gapminder，Visual.ly或者IBM's Many Eyes）
	数据伦理	科学规范地使用数据，包括正确获取和引用他人数据、确保使用方法和分析结果的透明可信	数据伦理；数据引用

　　R. Schneider（2013）从科学数据管理的角度，构建了由八个维度和若干数据管理技能构成的"研究数据素养能力体系"，见表1-4。

表1-4　研究数据素养能力体系

研究数据素养维度	数据管理能力内涵
明确目标	文件（研究环境、时间）/背景/从信息管理到知识管理
确定范围	过程监测/从数据模型（和相关人员）中挖掘信息
任务规划	数据建模/元数据/开发标准
数据存储	数据分析和操作/合并、混合、整合
数据保护	数据保存/数据安全/访问认证/使用条件/数据立法
数据评估	数据评估与保留/数据价值/经济因素
数据管理	投诉与期望管理/跨机构间协调实践/谈判技巧/风险与灾难管理/应急/宣传、推广、营销
数据提供	简易化、沟通交流/提高认识

　　我国学者也从不同的角度探索了数据素养的核心能力构成与评价指标体系。

　　隆茜（2015）从数据素养内涵出发，构建了高校师生数据素养能力评价指标体系，详见表1-5。

表1-5　高校师生数据素养能力评价指标体系

维度	指标
数据意识	能认识数据是科研过程中非常重要的因素 能够认识到科学数据具有生命周期 能够以严谨认真的态度对待与使用科研过程中产生的数据 能够对论文中使用的数据负责 能够保证数据的公正性与开放性
数据获取能力	能够熟练获取各类数据，了解数据源，如获取途径或数据库等 具有检索与收集各种数据的能力 能够对获取的各种形式的数据（格式、类型、特点）做准确解读
数据处理与分析能力	能够利用软件处理与分析原始数据 能够利用统计分析软件如SPSS对获取的数据做恰当的统计分析 能够结合文献与实际对统计分析结果做准确的解释
数据交流能力	能够正确运用统计量描述数据，如平均值、标准偏差等 能够基于数据统计量准确表述结果 能够恰当采用统计图如柱状图、散点图等来表征并揭示数据中隐含的趋势、变化等 能够利用数据统计量及数据的统计分析结果来支撑论点 能够依据数据做出正确决策 能够利用数据及数据分析结果撰写论文、报告等
数据评价能力	能够审核数据的准确性，剔除错误或无效数据 能够批判性地评价数据，结合实际质疑数据 能够认识数据反映现实具有的局限性，善于结合具体情况分析数据
数据道德	了解数据采集、使用、分享中所涉及的道德和伦理问题，能够尊重他人的数据，使用时能够注明出处

　　李红（2016）利用扎根理论编码，构建了本科生数据素养指标体系，从核心技能、个体特质、辅助技能3个一级指标出发，按照重要性程度提取了8个二级指标：数据分析、数据利用、数据共享、数据管理、数据意识、基本规范、计划与评估、收集与保存，以及60项三级指标。李楣、张晓阳（2017）围绕科研活动流程，构建了研究生数据素养胜任特征标准，包括数据意识、数据收集与评估、数据组织与管理、数据处理与分析、数据利用与归档、数据伦理等6个一级指标19个二级指标。王维佳等（2016）

通过调查问卷评价科研兴趣群体的数据素养能力，选取18个观测变量，采取因子分析法提取出科研人员数据素养能力的主要构成，集合了数理统计、数据管理、数据诚信、数据伦理和数据通识5个方面的内容，并得出科研人员数据素养能力综合评价函数。邓李君等（2017）在整理、分析现有数据素养内涵及评价体系的基础上，构建个体数据素养评价体系，包括数据意识、数据收集、数据管理、数据操作、数据分析、数据理解、批判思维、数据利用、数据评价、数据表达、数据交流和数据伦理12项指标内容。胡卉等（2016）梳理了嵌入科研工作流和数据生命周期的数据素养核心内容体系，绘制了研究人员应该具备的数据素养能力框架，详见图1-1。

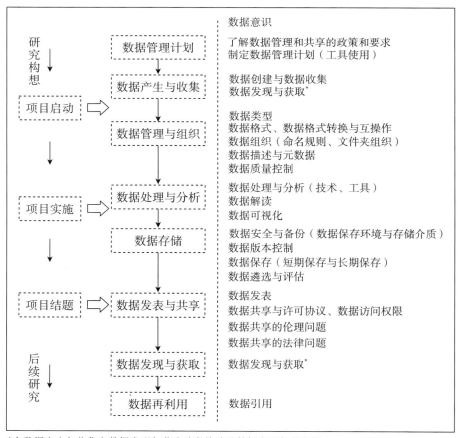

*在数据产生与收集和数据发现与获取阶段均涉及数据发现与获取能力。

图1-1　嵌入科研工作流与数据生命周期的数据素养能力框架

1.6.2 不同群体的数据素养能力研究

对于不同的群体，数据素养所反映的内涵也有所区别，不同的数据使用方式成为数据素养的重要组成部分。黄如花等（2016）认为数据素养教育是大数据时代信息素养教育的延伸和拓展，教育受众非常广泛，包括大部分行业和职业的人们，如中小学生、本科生、研究生、社会大众、教师与科研人员等，教育形式多样化，包括学位课程、学分课程、短期培训等。目前已有的研究，除了从科研工作者的角度探讨数据素养的内涵之外，还有集中于对教师、图书馆员和财经记者以及中学生等群体数据素养的探讨。Jacobs（2009）等人对教师的数据素养进行研究，将数据定义为支撑教师形成意见和做出判断的信息，并强调，数据的熟练应用需要复杂的专业知识，而且需要持续关注多个数据源。N. Love认为教师的数据素养是指在科学研究中掌握不同度量方法和把握多种类型的数据，并从中得出正确推论的能力。张进良等（2015）基于大数据背景，剖析了教师数据素养的内涵、价值与发展路径，探讨了对于促进教学决策、改进教学实践、完善教师专业发展的重要意义。徐刘靖等（2016）认为高校图书馆员作为科研数据的保存者及服务的提供者，不仅需要掌握数据资源检索技能，还必须具备必要的数据态度，能够处理复杂的科学数据，并从数据意识、数据知识、数据技能和数据伦理四个方面探讨了图书馆员的数据素养构成。金兼斌（2013）探讨了财经记者应该具备的数据素养，并指出数据素养是"人们有效且正当地发现、评估和使用信息和数据的一种意识和能力"，由五个维度构成，包括数据意识、数据获取能力、分析和理解数据的能力、运用数据进行决策的能力、批判和反思精神。我国项华（2011）较早提出数据素养的概念，并从物理教学的角度出发，探讨了基于数据探究的数据素养能力内涵，认为应该从数据价值、数据挖掘和数据观测三个方面着手培养学生的数据素养。陈娜萍（2013）基于初中统计数学，在对初中生数据素养现状调查的基础上，建立了初中生数据素养评价指标和测试样题，从数据意识、数据处理（包括数据收集、整理、描述、分析）和数据交流几方面进行评估。

综上所述，数据素养能力评价研究主要侧重于以下两个方面：一个是与统计素养相关的数据素养，即强调数据的批判性使用能力；另一个是与数据管理技能相关的数据素养。数据素养是一个胜任各种数据工作领域的能力框架，随着数据密集型科学的发展，科研人员亟须提升数据素养水平。已有研究结合数据素养能力模型和框架体系，从不同的角度，为科研人员理解数据素养概念提供了理论基础，同时又对数据素养教育模式进行了详细的路径设计，为引导科研人员应对数据管理与利用过程中的严峻挑战以及推动数据素养教育的发展具有很好的指导作用。

随着 E-Science 时代的发展和开放数据倡议的兴起，数据的重要性日益凸显，尤其是在科学技术领域，无论是科研机构还是图书情报机构都把数据素养教育作为一项重要任务来规划，数据素养成为近年来的研究热点，相关理论和实践呈现上升趋势，为促进各领域知识创新做出了贡献和努力。

然而总体上讲，数据素养的具体内涵业界尚无定论。国内外的研究主要集中在对数据素养教育内容与模式的探讨上，教育对象也十分广泛，包括教师、科研人员、学生和普通社会公民，尤以科研人员对于数据素养教育的需求更为迫切。虽然已有部分学者通过借鉴其他素养的评价标准，或自建评价体系对不同群体的科学数据素养进行了一些初步的探讨，但由于数据素养研究缺乏统一的理论基础体系，大多数研究都局限于侧重探讨数据素养的部分观点，或者强调特定领域情境下应该具备的数据素养能力等，对于个体数据素养的评价体系也不够明确。由于大数据环境下科学数据的海量化、多元化、异构化等特点，对于科研人员在数据收集、管理、分析、利用等方面能力的研究和评价成为新时期素养教育的重要议题。

目前，科学数据素养教育在国外的发展已经如火如荼，许多高校图书馆在该研究方面形成了良好的团队，加之政府和民间层面一致推动的数据管理政策，为开展扎实的科研数据管理实践项目创造了有利条件。在"实践—创新—发展"的良性循环推动下，高校科学数据素养教育更加适应现代科研需求，通识教育、学科专业教育模式多样，针对研究人员和学生的课程内容针对性强、层次分明、内容丰富。

我国当前在数据素养方面的教育实践总体还比较薄弱。一些在信息素养教育方面发展较快的大学图书馆，开展了科学数据素养教育方面的有益尝试，如科研管理软件、商业统计数据库的使用培训等，但基本处于起步阶段，与国外相比有一定差距，具体表现是：政府和民间对于"大数据"的重视程度很高，但是对科学数据素养教育的认识和重视却不够，没有针对科学数据素养教育出台相应的指导支持政策，也没有相应的服务规划。对于数据素养教育模式，仅有部分图书馆参与研究，没有形成良好的研究团队，也没有好的研究成果可以用来指导实践，缺乏对课程内容设计的整体性和系统性。对于数据素养能力指标体系，缺乏一个具备通用性、本土化以及系统性的整体参考框架，这不利于科学数据素养教育的发展。

1.7 本书研究内容与研究方法

1.7.1 研究内容

本书以大数据时代的科研活动为基础，从科学数据素养的内涵、能力及其构成要素分析入手，通过对科研人员的调查访谈，结合我国科研环境与科研活动特征，采用专家咨询法（德尔菲法）、层次分析法等确定科研人员数据素养能力指标及各指标权重，构建一套适合我国国情和时代特征的学科通用型科学数据素养能力指标体系，为评价科学数据素养能力提供依据，为科学数据素养教育实践提供理论指导。通过对指标体系进行初步应用与实证研究，验证本书理论观点的正确性和指标体系的有效性，了解不同科研群体的科学数据素养能力现状及特征，并对存在的问题进行深入剖析，进而为我国科学数据素养教育发展提供有益建议。

具体研究内容分为以下几部分：

第一，科学数据素养的基础理论研究：对国外主要国家的数据素养理论及教育实践活动进行系统深入的研究，选取典型案例对教育内容、方式、效果进行深入分析；借鉴其成果和经验，讨论"科学数据素养"概念的起源、演变发展及其本质内涵，"科学数据素养能力"的构成要素与评价指标，通过对科学数据素养教育的基础理论模式和一般实现途径的深度归纳和演绎，从而启发、指导和组织科学数据素养能力指标体系的构建过程，凝练科学数据素养能力指标体系的核心内容。

第二，科学数据素养能力指标体系构建：基于以上理论研究成果，以科学数据生命周期和科研生命周期为主线，结合教育目标评价理论——布鲁姆教育目标分类学，从认知、动作技能、情感三大领域目标出发，初步构建"科学数据素养能力指标体系"。邀请一定数量的相关领域专家组成评议专家组，利用德尔菲法进行调查，请专家对初步的能力指标体系进行评议，提出修改意见，并对各项指标的必要性和明确性进行评价，经过数轮的调查，最终形成专家组认可的"科学数据素养能力指标体系"。

第三，科学数据素养能力指标权重确定：权重是能力指标体系的重要组成部分，科学合理地确定各级指标的权重，是量化评价质量的根本保证。本书根据课题实际，选取层次分析法，确定指标体系中各级指标的权重值。

第四，科学数据素养能力指标体系实证研究：为验证本书理论观点的正确性和指标体系的有效性，选取各学科领域科研人员进行实证研究，针对不同学历和不同身份的科研群体开展问卷调查，了解其科学数据素养能力现状及特征，并对存在的问题进行深入剖析，进而为我国科学数据素养教育发展提供有效建议。

第五，科学数据素养能力指标体系应用建议与培养策略研究：探索能力指标体系的应用方向，并提出适合我国教育现状的科学数据素养教育对策。

论文研究框架如图1-2所示。

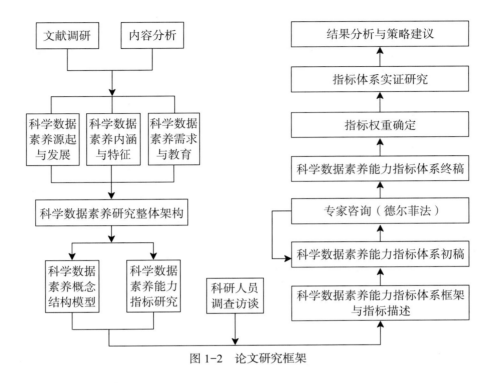

图 1-2　论文研究框架

1.7.2　研究方法

第一，内容分析法：对于"科学数据素养"这种较为新兴的概念，对其内容和模式的把握，由于缺乏足够的理论基础，本书通过广泛的文献调研，并从几个重点案例着手，通过对资料的深入分析，逐步提炼研究主体的构成要素，形成理论框架。

第二，调查访谈法：在科学数据素养的本土化研究中，面向科研人员进行半结构化访谈，了解我国科研人员科学数据素养的实际情况，获取来源于实践的要素构成，逐步实现指标提取的科学性和可靠性。

第三，德尔菲（Delphi）专家咨询法：对于初步构建的科学数据素养能力指标体系，依据专家咨询进行检验和优化，整合群体专家的意见而获得共识，确定一套科学性强并为学科领域所接受的指标体系。

第四，层次分析法：通过定量和定性相结合的方法，科学合理地确定能力指标体系中各级指标的权重。

第五，问卷调查法：面向不同学科领域的科研群体，设计基于科学数据素养能力指标体系的调查问卷，了解实际的科学数据素养水平，以及各能力指标所能达到的水平程度，评价所建立的指标体系的可行性与合理性。

2 科学数据素养的基本理论问题

科学数据素养是数据密集型时代应运而生的新兴概念，对其源起、内涵、发展架构等基本理论问题的学理分析，是开展科学数据素养理论研究与教育实践的基础。本章将深入探讨科学数据素养研究的理论基础和科学数据素养的内涵特征，以期准确把握其内涵结构，为科学数据素养能力指标体系构建提供理论支撑。

2.1 科学数据素养研究的理论基础

2.1.1 信息素养理论

"信息素养"亦称"信息素质"，与"数据素养"相比，其历史悠久，概念成熟。它始于19世纪末20世纪初，20世纪80年代末转化为信息素养。随着信息技术的迅猛发展和信息数量的激增，美国大学与研究图书馆协会（ACRL）于1989年发布了关于信息素养的具有里程碑意义的报告，将信息素养确定为信息时代的生存技能，指出"具备信息素养的人，必须能够识别何时需要信息，并能够有效地定位、评估和使用所需信息。"（Association of College and Research Libraries，1989）。从此以后，这个定义被广泛使用，人们充分认识到信息素养的重要性，全球许多国家和国际组织为提高信息素养能力而做出大量努力（Horton，2007）。

信息素养理论最为重要的研究成果，主要包括两个方面，其一是关于信息素养内涵结构的讨论；其二是信息素养能力标准与评价体系的形成。

关于信息素养内涵结构的研究，有学者提出"三层面信息素养理论"，即信息知识、信息能力和信息文化（秦殿启，2017）；也有人认为信息素养由信息意识、信息知识、信息能力、信息道德四个方面构成（韩静娴，2014）。我国学者皮介郑（2003）通过对国内外信息素养理论与实践活动的系统研究，提出了信息素质的过程结构理论与目标结构理论，并将两种结构理论进行联结，构建了"信息素质过程—目标结构体系"，如图 2-1 所示，详细描述和解析了信息素质概念的丰富内涵和结构体系，为信息素质教育确立了理论框架。

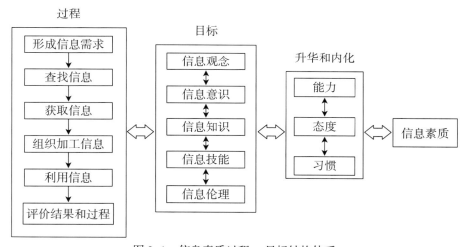

图 2-1　信息素质过程—目标结构体系

关于信息素养能力评估，全球很多机构都制定了相应的能力标准与指标体系，其中产生较大影响的包括：美国大学与研究图书馆协会（ACRL）2000 年的《高等教育信息素养能力标准》（Association of College and Research Libraries，2000），英国国立与大学图书馆协会（Society of College, National and University Libraries，SCONUL）2000年制定及后期修订的信息素养七要素标准，澳大利亚与新西兰信息素养研究会（Australian and New Zealand Institute for Information Literacy，ANZIIL）2004 年的《信息素养框架：原则、标准与实务》（Bundy，2004），以及联合国教科文组织（United Nations Educational，Scientific and Cultural Organization，UNESCO）2013 年发布的《全球媒体与信息素养评估框架》等。以上评估标准尽管各有侧重，但基本上是按照信息处理与利用的过程来建立指标体系，遵循信息需求判断、信息获取、信息评价、信息管理、信息利用等基本模式。而ACRL于2015年颁布的《高等教育信息素养框架》（ACRL，2015），则进行了重大的改革与调整，面对全球高等教育和学习环境变革、信息生态复杂多变的新形势，改变了信息素养学习成效或技能列表的线性模式，取而代之的是相互关联的概念集合，如图2-2所示，这个模型，可供学者灵活选择实施，以便充分挖掘信息素养教育改革的潜力（秦小燕，2015）。

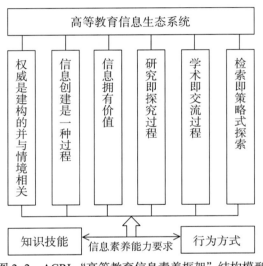

图 2-2　ACRL "高等教育信息素养框架" 结构模型

"框架"将信息素养延伸至高等教育中学习者的所有学习范畴，并与其他学术社区和社会学习目标相融合。"框架"代表了目前全球素养评价的最新理念，创新性地引入"阈概念"和"元素养"这两个核心理念，关注学习者对信息的批判性思维和交互协同能力的元素养，以及通往某一学科领域的门户知识阈概念，在框架指标的表征和描述中，强调一系列动态、灵活的行为方式和批判性、拆解性的思维态度（秦小燕，2015）。这些新兴的理念启示我们在理解新的科学研究和高等教育范式中，科学数据素养应该从技能培养向理念提升发展。已有的信息素养评价体系较为全面而且成熟，为科学数据素养能力指标体系的构建提供了充分的理论基础，也具有实践借鉴意义，其相关理论成果对于科学数据素养内涵的理解和应用很有启发。

2.1.2 科学数据生命周期理论

生命周期（Life Cycle），其本义源自生命科学术语，是指一个生物体从诞生、成长、成熟、衰退到死亡所经历的整个过程（朱晓峰，2004）。这一形象的概念经延伸和扩展后，广泛地应用于自然界和人类社会的其他领域，如项目管理、能源环境、工程管理、企业管理和信息学等，生命周期理论成为一种重要的研究方法，由于研究对象在产生到消亡的整个过程中处于不同阶段时会呈现各阶段不同的变化及具有各阶段独特的规律，因此，生命周期理论通过分阶段研究来认识整体的研究方法更符合事物发展的一般规律（马费成等，2009）。信息生命周期是将信息视为一种有机体，其具备内在的动态循环规律，从产生、利用到老化消亡，不断实现着自身价值形成、体现和增值的运动过程。科学数据生命周期概念正是借鉴了信息生命周期理论而产生，用于研究科学数据在整个生命周期中从创建到存档、回收的价值衰变过程。马费成等（2010）认为，"连续性、不可逆转性和迭代性"是生命周期方法适用对象的3个主要特性，各个生命过程之间不仅具备连续性，而且具备时间上的不可逆转性，完成一次生命进程后，会进入下一轮生命进程，两轮之间的更迭也就是迭代或循环。科学数据形式多样、载体丰富，其循环过程都有固有的规律，符合生命周期的研究方法，但科学数据也不完全等同于信息资源"价值老化"的生命周期衰变规律，其生命周期与科研工作流程紧密相关，而且会受到学科属性、研究方法、工具和手段的影响（刘霞，2013）。

目前，国外的科学数据理论研究和实践进展迅速，根据地球观测卫星委员会（Committee on Earth Observation Satellites，CEOS）2012年4月发布的调研报告显示，已有不同类型的科学数据生命周期及管理模型52个（CEOS，2012），下面介绍几种较为成熟且具有代表性的科学数据生命周期模型。

（1）DDI组合生命周期模型

美国政治与社会研究校际联盟（Inter-university Consortium for Political and Social Research，ICPSR）发起的数据文档倡议（Data Documentation

Initiative，DDI），旨在建立一个国际性的社会、行为、经济科学数据描述标准，DDI 3.0版组合生命周期模型（Combined Life Cycle Model）（图2-3）（DDI Structural Reform Group，2015）主要流程有六个部分：研究概念→数据收集→数据处理→数据分配→数据发现→数据分析，其中"数据存档"和"数据再利用"两个环节可因研究需要而成为可选路径。这一模型将数据生命周期与科研流程有效结合起来，既使科研人员明确数据与项目之间的关系，也为科研数据服务确立了主线。美国大学图书馆以此模型为基础构建了相应的科研数据服务模型框架，如弗吉尼亚大学图书馆科研生命周期模型（图2-4）（University of Virginia Library，2015）、密歇根州立大学记录生命周期模型（图2-5）（Michigan State University，2015）等。

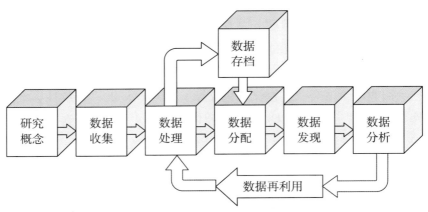

图 2-3　DDI 组合生命周期模型

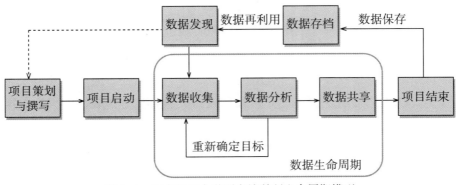

图 2-4　弗吉尼亚大学图书馆科研生命周期模型

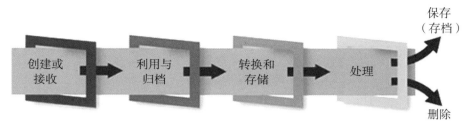

图 2-5 密歇根州立大学记录生命周期模型

（2）DCC数据监管生命周期

英国数据保存中心（Digital Curation Center，DCC）针对数字对象或数据集提出了数据监管生命周期模型（图2-6），该模型以数据为核心，外围由环状层次结构组成，第一层是数据描述与表征；第二层是数据长期保存计划；第三层是数据利益相关者的数据分享与活动参与；第四层是数据监管与长期保存；第五层是与数据监管相关的全生命周期各阶段，即创建或接收数据→评估和选择→数据获取→长期保存行动→数据采集→数据获取与再利用→数据转换（Higgins，2008）。

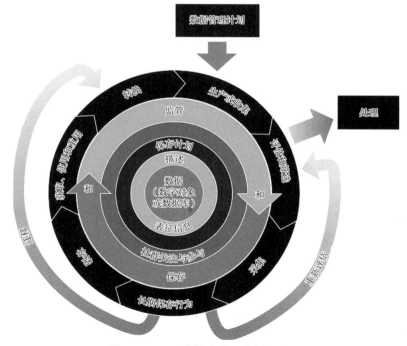

图 2-6 DCC 数据监管生命周期模型

（3）UKDA科学数据生命周期

英国数据存档（UK Data Archive，UKDA）是英国社会科学和人文科学领域最大的数据保存组织，对科学数据生命周期做出如下描述（图2-7），数据经历以六个阶段为主的循环往复结构：创建—处理—分析—保存—获取—再利用，其寿命比科研项目更长（UKDA，2017）。

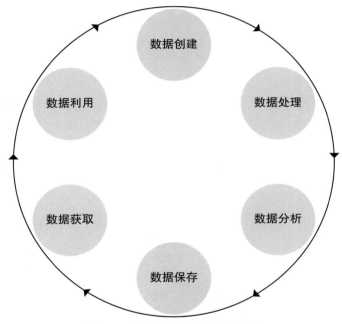

图 2-7　UKDA 科学数据生命周期

（4）Data ONE 数据生命周期

美国自然科学基金（NSF）2009年启动的地球数据观测网（Data Observation Network for Earth，Data ONE）项目，为确保地球科学观测数据的可发现性，针对环境科学数据，提出了科学数据生命周期模型（图2-8），归纳了八个主要阶段：计划—收集—控制—描述—保存—发现—整合—分析，该模型是一个循环结构（Michener and Jones，2012）。

综上，目前的科学数据生命周期模型，基本上是围绕科学数据整个生命过程所经历的各个阶段来展开的。有研究认为其是一种线性结构，更多的研究认为其是循环结构。科学数据是科学研究的产物，因此科学数据生命周期模型与科研项目的研究流程密不可分。虽然自然科学与人文社会科学的数据生命周期，在数据迁移、数据转换、数据生命周期终点等方面存在一定差异，但这并不影响科学数据的某些固有属性。尽管学科不同，但在模型中存在一些相同或相似阶段，如数据发现、数据收集、数据处理、数据分析等，这启发我们在研究科学数据素养能力指标体系时，可以从科学数据的固有属性出发，构建学科通用型指标体系，在此基础上进行补充并扩展具有学科特性、研究方法特点的学科指导框架。

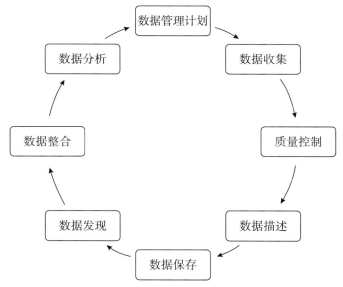

图 2-8　Data ONE 科学数据生命周期模型

2.1.3　教育目标分类理论

教育目标是教育事业发展的导向和标准，教育目标分类理论是20世纪50年代，以美国教育与心理学家本杰明·布鲁姆（Benjamin Bloom）为代表的一些学者提出的，并随着相关学科发展和理论研究的不断深入而得到丰富与发展。在这个理论体系中，布鲁姆等人（1986）将教学活动所要实现的整体目标划分为认知、情感和动作技能三个领域，并围绕各领域教育目标细化了层次结构，如图2-9。在认知领域中，按照人的认知水平从低到高分为"记忆、领悟、应用、分析、评价和创新"六个层次（布鲁姆，1986）；情感领域较为抽象和隐性，其教育活动与态度形成或改变、价值观念更新、高尚情操培养等密切相关，依据价值内化的程度，情感领域教育目标分为"接受或注意、反应、评价、组织、价值与价值体系个性化"五个级别（克拉斯沃尔，1989）；在动作技能领域，分为"感知、准备、有指导的反应、机械动作、复杂的外显反应、适应、创新"七个级别（哈罗等，1989）。

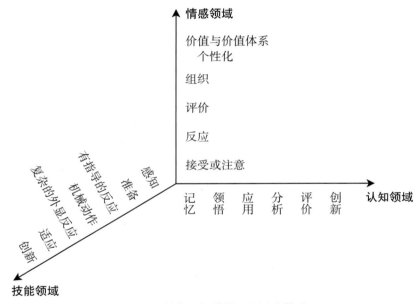

图 2-9　教育目标分类理论层次体系

科学数据素养属于教育领域研究范畴，因此在制定评估标准或教学方案的时候，可以以教育目标分类理论为指导，从认知、情感、技能三个方面全方位考虑科学数据素养的能力要求，对学习者进行科学有效的培养。

2.2　科学数据素养的内涵与特征

与许多新兴和跨学科领域一样，由于时代背景、学术传承与研究视角的差异，数据素养对于不同的利益相关者和专家学者意味着不同的内涵和意义。对于不同研究情境中的数据素养内涵，本书并不能做出明确的笼统的界定。本书研究的主体是"科学数据素养"，既属于"数据素养"的研究领域，又有其特定的概念范畴，因此，本节将对"科学数据素养"的内涵与特征进行具体的阐述与剖析。

2.2.1 科学数据

（1）数据

传统意义上的"数据"（data）是指"有根据的数字"。在信息化、网络化的双重驱动下，数据的内涵和外延不断扩大，它不仅指代"数字"，还统称一切存储在计算机上的信息，包括文本、声音、视频等。美国国家自然科学基金（NSF）在2005年发布的《长期保存的数字数据集：促进21世纪的研究和教育》中指出，数据指的是任何可以以数字形式存储的信息，包括文本、数字、图片、视频或影片、音频、软件、算法、公式、动画制作、模型、仿真等（NSF，2005）。我国国标《信息技术　元数据注册系统（MDR）第1部分：框架》（GB/T 18391.1—2009）中将"数据"定义为："对事实、概念或指令的一种形式化表示，适用于以人工或自动方式进行通信、解释或处理。"数据可以代表很多不同的事物，并且有许多不同的分类方法，按照其产生方式，数据可以分为观测型、实验型、仿真型、派生或编译型、引用或规范型（University of Virginia Library，2017），如表2-1所示。

表2-1　数据类型与特征

数据类型	产生途径	特征描述	实例
观测型	实时捕获	无法复制或重新捕获	传感器读数，遥测，调查结果，图像和人类观察
实验型	受控条件下实验仪器设备产生	可再生，但再生成本较高	基因序列、色谱图、磁场数据、光谱
仿真型	研究实际或理论系统的测试模型生成	模型和元数据的输入比输出数据更重要	气候模型、经济模型和系统工程

续表

数据类型	产生途径	特征描述	实例
派生或编译型	由其他数据产生的非原始数据，多源聚合	可再生，但非常昂贵	文本和数据挖掘、已编译的数据库和3D模型
引用或规范型	系统收集的数据集，通常被出版或监护	经同行评审，较为系统，但完整性不高	基因序列数据库、人口调查数据、化学结构

随着大数据、云计算、移动互联网、物联网、人工智能的发展，从数字化和计算机角度出发，所有的内容、媒介或出版物都可看成是数据集合；所有这些数据对象都可以被数字化、结构化、语义化地解析、标注、链接，成为有逻辑意义和相互关联的知识对象；所有这些知识对象都可计算、可重组、可融汇、可再创造，而且可以和使用者进行个性化、动态化的交互以形成新的数据对象和知识内容。各类数据对象成为显性、基础、首要的知识对象，我们正从信息环境过渡到数据环境（张晓林，2018）。

当今时代，数据的概念已经远远超出已有的数据定义所表述的意思，由于其形式多样、内涵丰富。学术交流体系发生了重大变化，数据作为研究的重要基础资源和科研成果产出形式，在科研学术过程中发挥着重要的作用。由于数据类型极其丰富，不同领域有着不同的侧重点和理解，包括政府数据、医疗数据、商业数据等，本书重点研究的是科学数据。

（2）科学数据

什么是科学数据？国外的主要名称表述包括Research Data（研究数据）、Scientific Data（科学数据）或Science Data（科学数据）。国内则经由"科技数据"演化为"科学数据"（孙九林等，2002）。

关于科学数据的定义，国内外研究机构或学者主要有以下一些观点：

1）传统意义的科学数据

我国科学数据共享工程（2004）对科学数据的定义如下：科学数据是指人类在认识世界、改造世界的科技活动中所产生的原始性、基础性数据，以及按照不同需求系统加工的数据产品和相关信息。它既包括了社会公益性事业部门所开展的大规模观测、探测、调查、实验和综合分析所获得的长期积累与整编的海量数据，也包括国家科技计划项目实施与科技工作者长年累月科学实践所产生的大量数据。科学数据具有分离性、驾驭性、共享性、客观性、长效性、积累性、公益性、非排他性、不对称性、增值性、可传递性和资源性等特点。

澳大利亚国立大学将"研究数据"（Research Data）定义为产生于研究过程中并可以存储在计算机上的任何数据，包括现场笔记、模拟记录，也包括能转换成数字形式的非数字形式数据。如传感器读取的数据、遥感勘测数据、神经图像、实验数据、调研结果及来自测试模型的仿真数据等，但不包括如生物标本、土壤样本等物理数据（The Australian National University，2017）。

经济合作与发展组织（Organization for Economic Co-operation and Development，OECD）在《存取公共基金资助研究数据的原则与建议》中，将"研究数据"（Research Data）定义为：作为科学研究基本来源的事实记录（数值、文本、图像和声音），被科学团体所普遍接受以验证研究结果的数据。但不包括以下内容：实验室笔记、初步分析、科学论文的草稿、未来的研究计划、同行评论以及个人和同行的交流、实物（如实验样本、细菌和测试的动物）等。另外还强调数据是数字化的计算机可读的科学数据（OECD，2007）。

美国国立卫生研究院对"研究数据"（Research Data）的定义为：受到科学界普遍认同的能对研究成果进行验证的实际记录材料。它不包括：初步分析、科技论文的草稿、未来的研究计划、同行评审、与同行的通讯记录；物理对象（如实验室样品、音频或视频磁带）、商业机密、商业信息、保密材料；在法律保护之下的信息（如知识产权）、人事与医疗档案及类似的文件；可能造成侵犯个人隐私的信息或者能够被用来识别身份的信息（National Institutes of Health，2015）。

剑桥大学在数据管理项目的术语解释中，给予"研究数据"（Research Data）非常广泛的界定，包括研究者在研究过程中使用或创造的任何以数字化输出及输入的陈述语言。例如，Excel电子表格和SPSS统计或测量的数据集、用于转换数据的计算机代码、研究员野外记录、用于研究或演示的电子图片、包含学术信息的电子邮件通信记录以及学术论文的草稿等。尽管多数研究数据会以数字化形式存在，但一些实体或论文记录，如实验室笔记，因其是了解数据所必需的一个部分，也应当作为研究数据

（University of Cambridge，2015）。

王学勤等（2011）认为科学数据包括科研论文、专利、研究报告、实验观测数据和元数据、参考资料、照片和图表、学术类多媒体资源等，不仅包括公开出版和可公开获取的数据，还包括很多灰色科学数据。

对于专业领域的科学数据，许多机构或组织对其进行了相关阐释。澳大利亚南极数据中心（Australian Antarctic Data Center）对数据管理的对象——南极科学数据的范畴进行了说明：南极科学数据几乎包括在南极地区采集的各种科学数据，从原始数据到处理过的数据，从纸质存贮的数据到电子媒质存贮的数据，具体包括：①原始数据或者未经处理的观测数据；②对原始数据进行校正或者分析处理后形成的数据；③对数据集进行精炼或分析而形成的数据（产品）；④说明科学数据的采集环境与相关背景的数据，或者有助于提高科学数据的价值与作用的说明性数据（凌晓良，2007）。

我国农业科学数据共享中心将农业科学数据定义为：从事农业科技活动所产生的基本数据，以及按照不同需求而系统加工整理的数据产品和相关信息。

我国测绘科学数据共享服务网所收集的测绘科学数据是指在现有测绘数据基础上，主要面向科学家和科学研究的需要，经过对原有测绘数据的整合、加工、集成、保密等技术处理得到的可以直接服务于科学研究、重大科技工程及国民经济、社会发展其他领域的空间定位基础数据（刘霞，2013）。

综合以上研究成果，各机构从科学数据管理的角度出发，对科学数据的概念进行了相关界定，大致可以分为三类：一类是指那些能对研究成果进行验证的实际记录材料，但不包括科学研究过程中产生的笔记、初步的实验分析结果等未经过验证的数据、资料；第二类是将与科学研究相关的实验数据、实验笔记、图像、音视频、模拟系统等半成品作为科学数据范畴；第三类则是含义最为广泛的理解，即包括科学研究全过程所产生的过程数据、半成品以及研究成果等。

2）数字化科研背景下的科学数据的新含义

随着信息技术的进步，科学研究的信息化日益成熟，科学计算促使人类描述社会复杂事物的能力不断提升。各种网络传输系统和数据存储与分析设施不仅有助于科学家获得强大的观察能力、分析能力，甚至实验能力，还能促进科研方法从理论分析和观察向科学研究对象的模拟与仿真发展，并推动"以数据为基础的科学研究第四范式"的形成，由假设驱动向直接基于科学数据进行探索的科学方法转变（Hey 等，2012）。科学研究和发现范式的转变给科学数据带来了新的含义，具体包括以下几个方面：

首先，通过探测器等高端设备的采集、高性能计算机模拟等产生大量的、原始的科学数据。这些科学数据不仅包括从传统条件下的理论预测和实验观测所获得的结果，还包括研究人员、科学仪器甚至科学研究过程和管理机制等科学研究活动各个方面的因素综合，以及通过计算机仿真和模拟分析等方式产生的数字表达等，包括社会科学领域的研究对象。这种数字表达优于传统表达的特点在于可以描述大规模或微尺度实体，根据科学研究所需，进行各种形式的组合、变化和数字表达（刘霞，2013）。

其次，初始数据包括科学实验未经处理的数据及科学研究对象的数字表达。从初始数据到中间数据乃至最终到研究结果的科学工作流（Scientific Workflow）技术，使得科学数据的可视化方法、技术及软件资源也以一种资源的形式存在，人们能以一种可重复、可验证、分布式的方式来描述科学研究或科学实验过程，了解科学研究过程中所采用的数据处理方法、模型和工具，从而对科学研究进行验证（钱鹏，2012）。

另外，大数据时代的"数据"，不再是孤立的、静态的数据，而是动态的、系统化的数据，以持续且不间断的"数据流"形式而存在，是成片的、互为关联、有生命力的数据。数据成为社会各行各业创新必不可少的基础资源，对其进行系统采集、科学分析至关重要。

3）本书研究的科学数据

鉴于传统科研环境、E-Research 和大数据时代的发展，科学数据的产生途径、组织形式以及应用领域发生着巨大变化。本书所研究的科学数据，指的是在自然科学、工程技术科学、人文社会科学等领域，人类在认识世界、改造世界的各类科技活动中，通过观察、实验、调查记录或计算等不同方式产生的适合于通信、解释或处理的原始数字化信息，以及按照不同科研需求进行系统加工或重组的数据产品和相关信息，包括数值型数据、文本数据、图像、音频、视频等多媒体数据等，可用于科学研究、技术设计、查证、决策等。

2.2.2 科学数据素养

"数据素养"较早源起于美国教育界，关于数据素养的内涵演变在本书1.4节中进行了详细阐述，目前已有的国内外研究中尚未对数据素养的概念形成标准性的定论。在术语上主要有以下几种表述方式："数据素养"（Data Literacy）、"数据信息素养"（Data Information Literacy），"科学数据素养"（Science Data Literacy），"研究数据素养"（Research Data Literacy），"数据管理素养"（Data Management Literacy）等。

其中，"科学数据素养"的提出，将"数据素养"的概念和应用范畴限定于科学研究领域，而且对"数据"的范围给予了更加明确的界定，特指"科学数据"，即人类在认识世界、改造世界的科技活动中所产生的原始性、基础性数据，以及按照不同需求系统加工的数据产品和相关信息。素养，被定义为"读写能力"或"由训练或实践而获得的一种修养"，包括道德品质、外表形象、知识水平与能力等各个方面。从这个定义出发，"科学数据素养"可被理解为"在科学研究过程中，科研人员作为数据的生产者、使用者和管理者，收集、处理、管理、评价和利用数据进行科学研究所涉及的思维、知识和技能，以及在数据生命周期中普遍遵循的伦理道德与行为规范"。

科学数据素养，强调对科学数据的理解、利用和管理能力，目的是将数据转化为知识。信息技术和数字信息资源的快速发展使科学研究活动发生巨大变革，一方面，新的科研环境对研究人员的数据利用能力提出了新的要求，另一方面，数据密集型科研范式对数据管理能力及其相关专业能力的需求显著增加。研究人员不仅需要对科学数据进行有效的分析与利用，还需要具备对科学数据进行系统收集和管理的能力。纵观现有的科学数据素养研究，基本围绕两条路径展开，一是数据利用视角，关注信息素养视域下的用户数据行为研究，即如何利用与再利用科学数据；二是数据管理视角，即关注科研生命周期的数据生产、组织和存储等环节。两个研究目标既有区别又相互关联，其根本是培养学习者在科学探索中收集、加工、管理、评估和使用数据的知识和技能，使其具备适应科研创新与发展所需要的科学数据素养能力。

2.2.3　科学数据素养与其他素养的关系

"素养"是一个随时代变迁而不断发展和丰富的概念，当一种行为或生活方式变得越来越大众化而且有影响力时，传统素养的作用和价值日渐削弱，客观上需要倡导并提出一种新的素养，使个人能够发挥自己的知识和潜力，并充分参与其社区以及更广泛的社会活动，来适应社会发展带来的挑战和要求，实现自己的目标。可以说"科学数据素养"就是在与之相关的一些素养概念基础上产生的，诸如信息素养（Information Literacy）、数字素养（Numeric Literacy）、科学素养（Science Literacy）、统计素养（Statistical Literacy）等，厘清科学数据素养与这些相关素养的联系与区别是理解科学数据素养的前提。

（1）与信息素养的关系

信息素养概念自1974年诞生以来，引起了世界范围内的研究与讨论，最具影响力的是ACRL2000年的《高等教育信息素养能力标准》，引用了美国图书馆协会（American Library Association，ALA）在1989年给出的比较权威的定义，即信息素养是指"个人能认识到何时需要信息，有效地搜索、评估和使用所需信息的能力"。时至今日，人类的信息技术手段与信息环境发生了翻天覆地的改变，信息素养的内涵也被从多侧面、多角度进行了阐释。ACRL于2015年发布的《高等教育信息素养框架》，将信息素养概念丰富为"包括反思性信息发现，理解信息如何产生与评估，以及利用信息创造新知识、合理参与学术社团的一组综合能力"，强调动态性、灵活性、与各种新兴素养的联系与融合等。

近年来，随着E-Science和E-Social Science的深入发展以及数据密集型科研范式的兴起，在科学研究中，越来越多的研究建立在对已有数据的重新组织和分析利用基础之上，科学数据的重要性和价值尤其凸显。信息素养的内涵和外延也随着大数据时代的到来而发生改变，在新的信息生态环境中，以科学数据管理和利用为核心的科学数据素养，应该成为当前高等教育中信息素养的重要内容之一。在某种程度上，科学数据素养可被看作是信息素养的延伸和扩展。正如相关研究机构及专家学者所指出，应该把研究数据看成一种信息，将数据管理知识和技能纳入信息素养定义中，确保学生获得职业生涯成功的必备技能（Andretta等，2008；Research Information Network，2011；Schneider，2013；Vitae，2011）。然而，在实际应用过程中，科学数据素养与传统的信息素养有着本质区别，这种差异的根源主要在于处理数据的复杂性比任何其他类型的信息都要大。信息素养反映的是查找、获取、评价和利用信息的能力，而科学数据素养反映的是理解、使用、管理科学数据的能力，以关注数据的特殊属性及应用价值为核心。

（2）与数字素养的关系

"数字素养"是P. Gilster于1997年正式提出，并将其定义为"理解、评估和使用基于计算机技术的各种数字资源和信息的能力"，并将批判性思考能力作为数字素养的核心，而不仅仅是数字技术利用技能（Gilster，1997）。以色列学者阿尔卡来（Yoram Eshet Alkalai）根据多年研究和工作经验，构建了数字素养概念的五个框架，包括图片—图像素养、再创造素养、分支素养、信息素养和社会—情感素养，其含义分别为"识别理解图形图像信息的能力""重新整合信息的能力""非线性的信息搜索""在零散的信息中建构知识的能力""检索、筛选、辨别、使用信息的能力""共享知识，进行数字化情感交流的能力"（Eshet-Alkalai，2004）。国际图联2017年发布的数字素养宣言中，认为"具备数字素养意味着可以在高效、有效、合理的情况下最大限度地利用数字技术，以满足个人、社会和专业领域的信息需求"（何蕾，2017）。可见，数字素养强调掌握和应用数字技术与网络知识，确定、组织、理解、评估和创造信息，以满足学习、工作、生活等各方面的需要，是一个终身学习的过程。在数据时代，当我们强调作为数据生产者、使用者和管理者，所应具备的科学数据素养能力时，必然无法脱离数字素养的基本要求，但鉴于数据的丰富类型及其复杂的处理流程，科学数据素养的研究范畴将更加广泛而且专深。

（3）与科学素养的关系

通过对"科学素养"概念的考察，国际上普遍将其概括为三个组成部分，即了解科学知识，掌握科学的研究过程和方法，了解科学技术对社会和个人所产生的影响（Shamos，1995；Jenkins，1996）。科学素养是研究者在科学研究过程中所表现出来的基本素质和修养，是科研创新与科研任务顺利完成的基本保障，这意味着每个从事科学研究的人都应该具备科学素养，它涉及整个科学思维体系、价值观、文化认同和科学信息交流模式，直接关系到科研成果的阅读、理解与产出（Elmborg，2006）。科学数据素养与科学素养密切相关，都涉及与科学思考和科学研究相关的方法、途径、态度和技能，科学数据素养丰富了科学素养的内涵。

（4）与统计素养的关系

"统计素养"是指理解并合理使用统计数据和统计方法以解决实际问题的能力，并在了解多方面信息的基础上做出决策（李俊，2009）。全国义务教育数学课程标准中对统计素养有一个较为全面的解释，即"能从统计的角度思考与数据信息有关的问题；能通过收集数据、描述数据、分析数据的过程做出合理的决策，认识到统计对决策的作用；能对数据的来源、处理数据的方法，以及由此得到的结果进行合理的质疑"（中华人民共和国教育部，2001）。由此可见，统计素养的核心是对数据的辩证思考与应用，计算能力也是其中一个重要内容。在大数据时代，统计素养作为理解和利用包括方法在内的统计信息的能力，与数据科学具有较强的相关性，数据科学和统计学之间的传统界限已经变得越来越模糊了。因此，有学者提出随着数据的作用和性质发生改变，统计素养的传统定义应该得到更新，以体现数据在我们生活中所发挥的极大的作用，并认为数据素养为统计素养赋予了更为丰富的内涵（Gould，2017）。

通过对新信息环境下相关素养的深入剖析，包括信息素养、数字素养、科学素养、统计素养，分析其各自的内涵特征与内在联系，我们可以更好地把握科学数据素养的核心内涵与研究范畴。本书认为，具备科学数据素养的人应该同时具备信息素养、数字素养、科学素养和统计素养的相关方面，其核心是将批判性思维贯穿于数据利用与处理的全过程，有效利用数据解决科学问题的能力。

2.3　科学数据素养的内涵结构

科学数据素养到底应该包含哪些具体的内涵要素，这些要素有着怎样的内在联系与结构，如何才能系统而明确地描绘出科学数据素养的内涵结构呢？从以上对科学数据素养内涵的讨论中可以认识到，科学数据素养的内涵是相当丰富的，对其结构的准确把握，是确定科学数据素养教育理论框架的基本前提。鉴于科学数据素养与信息素养内涵的密切联系，我们借鉴学者皮介郑所提出的信息素养内涵结构理论，对科学数据素养的内涵结构进行深入剖析，为科学数据素养能力指标体系的构建奠定理论基础。

2.3.1　科学数据素养的过程结构

为了准确而完整地把握科学数据素养的内涵及结构，通过考察大量国外的科学数据素养项目、教育实践模式及课程大纲，本书发现对科学数据素养概念的运用，不同表述之间有着内在的相似性，一般都是在明确了科学数据素养的定义之后，按科学数据的利用行为或数据问题的解决过程来展开的，这个过程无论从内容还是秩序上都保持高度的稳定性，是由多个逻辑环节共同组成的，每个环节对数据行为主体在认知、技能、情感等方面的要求，就构成了科学数据素养的内涵。

结合科研工作流程和科学数据生命周期，本书构建了科学数据素养的过程结构体系，如图2-10所示。从整个过程结构体系可以看出，在数字化科研以及大数据时代，以科学数据为核心的行为过程可以凝练为以下几个阶段：数据需求分析、数据生产与收集、数据分析与处理、数据出版与共享、数据组织与保存、数据发现与获取、数据评价与再利用。整个过程是纵向发展的，而且在过程中的每一个阶段都会对行为主体提出相应的知识和技能要求，以及对意识、观念和伦理道德方面的具体要求，如关于数据源、数据环境的知识，对数据处理技术的掌握，数据获取与评价的能力，以及整个过程中应该遵循的道德和规范等。同时，行为主体的态度和情感也在发生作用，影响着整个过程的进行。

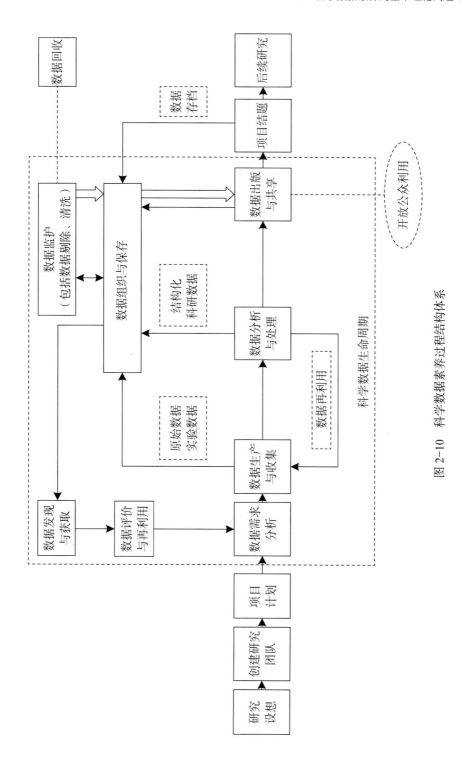

图 2-10　科学数据素养过程结构体系

2.3.2　科学数据素养的目标结构

通过对相关文献的调研，本书发现除了从数据行为过程本身出发来理解科学数据素养内涵并进行相关研究之外，还有部分研究，尤以国内学者为主，他们对科学数据素养内涵的认识，以及对其概念的应用，通过高度概括和抽象的表述，提炼出科学数据素养的教育目标，即在新的大数据环境下，受教育者应该达到哪几方面的目标要求即可被认为具备科学数据素养。对于科学数据素养内涵和目标的探讨，虽然不同的研究者有着自己对各组成部分概念的理解和外延运用的表述形式，但本质上存在一些共性特征，即都包含了数据知识、数据技能和数据认知三个方面的内容，并形成以数据技能为中枢，联结数据知识和数据认知的三层结构。其中，数据知识是基础，围绕数据的所有活动在此基础之上展开，伴随数据知识的积累和应用即形成数据技能，数据技能的发展不仅可以丰富数据知识，还可以加深人们对数据的认知。数据认知主要包括两方面的内容，一方面是人们对数据价值的认识和研究兴趣，即数据意识和数据文化；另一方面是认识到数据发展中的各种行为规范和道德准则，即数据伦理，保证数据主体的数据行为遵循正确的方向，从而维护数据生态的正常秩序，确保人们在数据活动中的利益和社会整体利益的一致性。经过对主要观点的整理和凝练，可以提取出五个相辅相成、互为基础、紧密关联的部分，共同构成科学数据素养概念的完整内涵，并具有相对稳定的理解和表述，分别为：数据文化、数据意识、数据知识、数据技能、数据伦理。

这五部分内容也应成为我们设计和实施科学数据素养能力指标体系和教育活动时所追求的目标内涵，这种内涵结构理论，本书称之为科学数据素养目标结构理论，如图2-11所示。

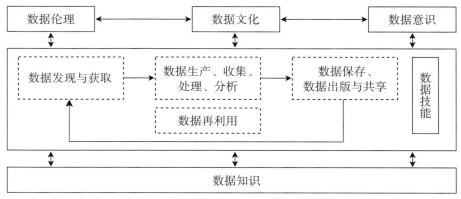

图 2-11 科学数据素养目标结构体系

2.3.3 科学数据素养的过程—目标结构

从前面的叙述来看,科学数据素养本身包含了信息素养、数字素养、科学素养和统计素养等多方面素养的共同之处,另外也有自己独特的、可区别于这些素养的特点。由于科学数据素养的复杂性,对其概念内涵的理解存在难度,因此,能否准确理解这个概念内涵将关系到能否准确建立科学数据素养的评价标准、教育实践活动内容。同时,能否准确把握科学数据素养的内涵也是制定科学数据素养能力评价体系的必要条件。本书对科学数据素养内涵的研究,深入剖析了国内外学者对此类相关素养内涵研究相同的出发点,即围绕数据生态中的关键性角色进行:①个体。个体的数据行为过程有着特定起源和发展历史,这是科学数据素养概念本身应该具有的内涵结构。②社会。科学数据素养教育应该达到的目标是客观社会现实的要求。综观国内外学者对相关素养内涵研究采用的方法和最终构建的内涵结构,虽然他们在思路方向和表述方式中存在一定差异,但本质上具备很多可以将二者联系和统一起来的共性特征。在科学数据素养的内涵研究中,也可以将这些共性特征联系统一后形成科学数据素养过程—目标结构体系,如图 2-12 所示,对过程中每个阶段的要求可归结为目标,目标的具体表现形式则是行为过程,目标经认知、行为和情感层面的升华和内化最终形成科学数据素养。

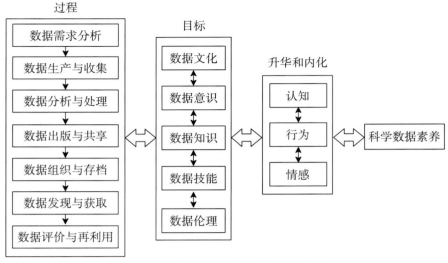

图 2-12　科学数据素养过程—目标结构体系

　　科学数据素养过程—目标结构体系的建立，更加全面、完整地阐释了科学数据素养的内涵及结构，体现了科学数据素养的本质意义与实际价值；能够提高科学数据素养教育实践的可操作性，也有利于相关人员在科学数据素养实践中进行考核评价和运用实施。这是一个动态的理论分析框架，具体内容将随着数据时代的发展不断自我调整和自我发展。

2.4　小结

　　对科学数据素养概念的界定与内涵结构的把握，是构建科学数据素养能力指标体系的基础。本章首先明确了本书研究所依据的理论基础，包括信息素养理论、科学数据生命周期理论和教育目标分类理论，探讨了其适用性以及本书对相关理论的应用方向。

　　在国内外数据素养理论研究与实践进展基础上，重点界定了本书所研究的"科学数据"的具体范畴，以及由此而确定的"科学数据素养"的内涵与特征。通过对信息素养、数字素养、科学素养、统计素养这些与科学数据素养密切相关的各类型素养的源起背景和能力要求的剖析，加深了对科学数据素养的核心内涵与研究范畴的理解。

　　构建科学数据素养内涵结构体系，包括以科研工作流程和科学数据生命周期为基础的过程结构体系、以新型数据环境下科学数据素养教育目标为核心的目标结构体系，并将数据行为过程与数据培养目标有机联结与统一，构成了科学数据素养过程—目标结构体系，明晰了科学数据素养应该达到的目标和具体实现路径，为科学数据素养能力指标体系研究奠定理论基础。

3 科学数据素养能力指标体系构建

数据密集型科研时代，从事科学研究的相关人员应该具备什么样的数据管理与利用能力，是高等院校与科研机构人才培养首先需要明确的目标。科学数据素养能力指标是衡量一位科研人员是否满足数据时代的科研需求、实现自身价值的直接体现，同时也对科学数据素养教育提供导向和调控作用。目前，国内高校和研究机构对于科学数据素养培养模式和教育目标的研究尚处于初步发展和探索阶段，科研人员科学数据素养的知识结构和能力框架尚未完全建立。因此，本章在对国内外科学数据素养能力研究的基础上，通过理论研究和实证调查，构建符合我国国情和时代特征的科学数据素养能力指标体系。

3.1 科学数据素养能力要素研究

能力是完成一项目标或任务所体现出来的素质，能够识别、评估和发展参与者的个人条件和行为特征。人们在参与任何一种活动的过程中所表现出来的能力是不同的，个人能力直接影响着组织效率（秦小燕，2017）。欧洲电子能力框架（European e-Competence Framework，e-CF）将"能力"定义为，"在组织或任务情境中，应用知识、技能和特质以达到预期目标所体现的素质和才能"（EDISON，2017），认为在信息通信技术领域，能力应该是一个可持续发展的概念，会随着信息技术环境以及具体岗位的变化而不断调整和变化。

科学数据素养是新兴的跨学科研究领域，目前为止，关于科学数据素养能力评价体系，尚没有形成较为系统和权威的理论框架。国外在科学数据管理与科学数据素养教育方面的研究起步较早，有着较为完善的政策支持环境以及丰富的实践经验与理论成果，值得我国参考借鉴。因此，本书从文献资料调研入手进行归纳分析，从数据素养教育实践和相关研究中提取科学数据素养所包含的能力要素作为本书科学数据素养能力指标体系的基本构成要素。

3.1.1　国外科学数据素养能力研究

关于数据素养能力研究，国外相关学科领域的学者从各自不同的视角，通过理论或实证研究，分别对数据素养能力所包含的基本技能和素质做了一些探讨。因此，本书首先对国外数据素养能力研究相关文献进行全面调研，选取其中具有代表性的33篇，提取涉及的数据素养能力要素，详见附录1。经过对各要素内涵的深入解读和概念整合，得到24项能力表征要素，按照其在文献中出现的频次进行聚类与排序，并根据能力特征凝练为"基础能力""核心能力""高级能力"三大类，以确定本书中科学数据素养能力指标的基本构成要素，见表3-1。

表3-1　国外数据素养能力要素统计

能力类别	能力指标	频次总计	能力类别	能力指标	频次总计
基础能力	数据意识	8	核心能力	数据驱动决策	15
	数据工具	15		数据处理	9
	数据伦理	11		数据引用	6
	批判性思维	9		数据表达	6
	数据实践规范	2		数据保存	13
核心能力	数据发现与收集	22		数据安全	2
	数据管理	21	高级能力	利用数据识别问题	5
	数据组织	21		数据监护与重用	13
	数据和数据源评估	18		数据共享	9
	数据分析	13		元数据创建与使用	8
	数据可视化	11		数据格式转换	7
	数据解释	14		基于数据评估决策或结论	4

基于科学数据素养过程结构内涵理论，本书将文献中所提取的数据素养能力要素按照科学数据素养过程结构体系中数据行为各阶段进行归类，每个阶段都有相应的能力要素和具体的知识技能要求，详见表3-2。

表3-2 数据素养能力要素及具体要求

能力领域	能力要素	具体要求（知识/技能）
数据需求分析	数据意识	认识并理解什么是数据（定义、类型）；意识到数据的重要性；数据应用的基本知识
	批判性思维	识别与数据相关的高级问题和挑战；开展数据工作时能够根据应用情境进行批判性思考
	数据实践规范	支持促进将关键数据用于学习、研究和决策的数据环境建设；知道如何科学地回应和采取行动调整数据实践
数据生产与收集	数据工具	知道如何应用数据生产与收集工具或技术
	数据收集	执行数据检索、数据整理
	数据和数据源的评估与确定	评估可信数据来源；评估数据集质量，识别其中的错误和问题
数据分析与处理	数据工具	数据分析工具和技术的基础知识；根据研究需要选择适当的数据分析工具或技术
	数据分析	建立数据分析方案；应用分析方法和工具；进行实验数据分析；评估分析结果；将数据分析结果与其他发现相比较
	数据可视化	创建有意义的图表或图形来组织和直观地展示数据；评估数据图形表示的有效性和准确性；识别失实或有误的可视化表示方法
	数据处理	评估数据清洗方法；识别异常点和离散值
	数据格式转换	不同数据类型与转换方法的知识；转换数据格式或文件类型
数据出版与共享	数据引用	了解普遍采用的数据引用标准格式；正确引用其他数据集；识别、检索和验证已发布的数据
	数据表达	对数据分析结果进行解释和评估；受众需求和主题相关度评估；策划合适的数据呈现形式；利用有意义的可视化形式进行数据交流；清晰连贯地提出论点和结论
	数据共享	评估数据共享方法与平台；合理合法共享数据

续表

能力领域	能力要素	具体要求（知识/技能）
数据组织与保存	数据组织	数据组织方法和工具的基本知识；数据组织需求评估；组织数据
	元数据创建与使用	创建元数据描述方案；为原始数据集分配适当的元数据描述符
	数据保存	评估数据保存需求；评估数据保存方法和工具；保存数据
	数据监护与重用	数据监护需求评估（例如保存方案、访问限制、共享要求等）；数据监护与重用
数据发现与获取	数据发现	识别有用数据；根据自身研究体系选择适当的数据源
	数据伦理	了解与数据相关的法律和伦理问题；应用和处理数据时遵守数据伦理
	数据安全	数据安全要求评估（例如访问权限、存储介质等）
数据评价与再利用	数据解释	解读并理解数据图表、表格和图形；识别数据中的关键点，并与其他重要信息进行整合；识别数据中的矛盾与偏差
	利用数据识别问题	利用数据确定实际情况中的问题；利用数据识别复杂问题（例如政策、环境、营销、经济等）
	数据驱动决策	确定从数据中提取信息的优先级；将数据转化为可操作的信息；衡量可能的解决方案或决策的优点和影响；执行决策或解决方案
	基于数据评估决策或结论	收集后续数据以评估基于已有数据的决策或解决方案的有效性；后续数据的分析；将数据分析结果与其他结论进行分析比较；评估基于数据的决策或解决方案；保留原始决策或方案，或实施新的决策或方案

经文献调研与总结梳理，可以发现国外在科学数据素养能力研究中存在以下特点：

（1）由于不同的学者对相关概念理解与表述的差别，会出现同一概念的上位词和下位词交叉使用现象，如"数据处理"（Data Manipulation）是对数据的采集、检索、加工、存储、变换和传输的统称，广义上包含"数据采集""数据检索""数据存储"等相关概念；而"数据管理"（Data Management）是利用计算机硬件和软件技术对数据进行有效的收集、存储、处理和应用的过程，其概念范畴包含"数据组织"（Data Organization）等。在对科学数据素养能力表征要素进行梳理的时候，需要对其概念进行解读与整合，以明确具体的能力要求。

（2）文献中所出现的数据素养能力表征要素，共性特征较为明显，但也有一些特殊性指标值得特别关注。例如，"数据实践规范""利用数据识别问题""基于数据评估决策"等，这些指标强调利用数据解决实际问题的能力，包括对数据进行解释、分析和判断，将数据转化为指导实践的知识；运用数据确定解决方案的优先级，并在后续的行动中，通过收集新的数据支撑决策的有效性；跨学科思维和创新能力的培养等。此外，数据生产者学科领域的文化习惯和应用规范不仅影响数据的潜在需求和使用，而且对有效共享、重用、监管和保存数据有着重要影响。

（3）国外科研人员的数据素养能力，对国外科学数据管理与共享政策、科研环境和实际应用领域有较强的依赖性。一些国家政府、科研资助机构、数据中心、学/协会和出版组织，较早制定和发布了数据管理与开放共享的有关规定和政策，引发了学者们对科学数据更多的关注，也使得科研工作者在数据管理、数据出版、数据引用以及数据共享等一系列能力中得到不同程度的提升。再加上政府、行业组织和教育机构对数据素养教育的重视和投入，对科研人员数据素养教育大环境的形成起到了良性推动作用。国外的经验值得我们参考借鉴，但未能客观合理地体现我国科研人员的科学数据素养特性，因此，国内研究者需要对科学数据素养能力进行本土化研究。

3.1.2 科学数据素养能力本土化特征研究

研究科学数据素养能力的本土化特征，首先需要了解科学数据素养的主体对象，即不同学科领域的科研人员（教师、研究生等），其科学数据管理与利用行为。因此，本书开展了"我国科研人员科学数据素养现状"的调查访谈，在上一节中通过文献调研所提取的科学数据素养能力指标要素的基础上，进行有针对性的访谈，了解我国科研人员科学数据素养能力的实际情况。

（1）设计访谈提纲

访谈提纲的设计，紧密围绕师生的科研现状，除调查访谈对象的身份、学历、学科领域等基本信息以外，共设计了12个问题，详见附录2。基本内容包括以下三方面：①对科学数据的认知，涉及科学数据的作用、价值、发展趋势，数据需求，数据来源等；②科学数据素养基本能力，涉及科研人员专业背景与科研方向、数据处理流程与环节、数据传播与交流、数据管理及数据共享等相关问题；③科学数据行为规范，涉及数据伦理与法律法规、数据密集型科研范式下科学研究与学术交流模式对科学数据行为的影响，以及科研人员自我数据能力的评价与应对办法等。

（2）访谈对象与访谈方法

为了真实有效地掌握我国科研人员科学数据素养的现状及需求，本书对此次调查访谈进行了细致的规划，确定了以下原则：

访谈对象：考虑到科学数据主要产生于科学研究活动中，因此主要选择以研究型大学或者开展研究生教育的高校从事科研工作的教师和研究生作为访谈对象。此次共选取32人参与访谈，以青年教师和博硕士研究生为主，教师和研究生分别占总人数的60%和40%。同时考虑被访谈者学科分布的广泛性，以理学和工学为主，约占84%；少量涉及管理学、人文科学等。这与各学科科学数据产生与利用情况有一定关系。

访谈方法：采取面对面或电话等方式进行半结构化访谈，根据访谈的实际情况对访谈内容和顺序做出必要的调整。在访谈开始之前，首先向被访谈对象简要介绍一下国内外有关科学数据素养及能力评价的研究状况，包括数据收集、数据管理、数据分析、数据评估、数据共享、数据文化、数据伦理等基本概念，以便被访谈者更好地理解科学数据素养，从而做出更为客观有效的回答。

（3）结果分析与启示

通过对我国科研人员科学数据素养现状的具体调研，本书发现在大数据时代，随着数据密集型科研环境的形成，我国科研人员在科学数据的认知、数据利用与管理的基本能力以及与之相关的行为规范等方面都呈现出一定的显著特征：

1）科学数据素养基本能力需全面加强

我国科研人员在科学数据利用与管理的过程中所表现出的科学数据素养基本能力与国外大体一致，包括基于整个科研流程和科学数据生命周期，从数据需求分析，到数据收集、分析、保存、利用等整个流程的科学数据相关操作能力。具体能力状况包括：

数据意识：科研人员对科学数据的认知程度，直接影响着其对科学数据管理与利用的理念、方法和手段。大部分被访谈者都认为科学数据是科学研究的重要资源和推动力，意识到科学数据在数据共享与科学普及方面的重要作用。科研人员普遍认为，科学数据除具有原始创建价值以外，还具有重复利用和长期使用价值，需要通过有效的数据挖掘来发现其中所蕴含的知识与价值。此外，有研究者强调，在数据处理与应用的整个过程中，基于特定的情境和标准，研究人员需要加强批判性思考，对数据做出辨识与判断。

数据生产与收集：科学数据的基本特征，包括数据的类型、格式、数据来源与分布等，对于数据的处理难度、存储需求以及后期的重复利用均会产生一定影响。面对自己在学习或科研工作中的数据需求，有近20%的被调查者并不能明确地知晓数据获取渠道，甚至对自己本专业或本学科领域的数据来源、数据存储库等缺乏足够的认识与了解，从而影响到了数据获取工具与方式的有效选择。科学数据的产生有多种途径，研究人员会根据研究的性质与需要选取不同途径采集数据，理工科和文科研究人员的数据来源区别较大，理工科的主要通过实验采集，而人文社科的侧重网络采集。

数据分析与处理：不同的科研项目，数据体量不同，数据分析流程也略有差异；科学数据的规模与数据分析和处理的难度密切相关，随着研究的不断积累，数据量越大，分析的难度越大。科研人员尤其侧重于数据的分析工具与技术以及基于数据进行预测和数据挖掘的方法、算法和原则。

数据组织与保存：关于数据保存，大多数研究人员首先会使用个人电脑记录原始数据，其次是使用机构电脑或笔记本，也有少量科研人员为了便于数据的获取和长期保存，选择电子邮箱或网络云盘进行数据的备份。另外，科研人员对于原始数据的集中管理缺乏重视，大量数据分散于研究团队成员各自的电脑中，超过70%的科研人员曾发生过数据丢失现象，超过50%的科研人员不进行数据的永久保存。通过调查还发现，很多科研项目结题后，大量科学数据被封存而不被重复利用，未能充分发挥其更大的使用价值。

数据行为规范：科学数据相关的各种行为规范和道德准则，即数据伦理，能够保证数据主体的数据行为遵循正确的方向，从而维护数据生态的正常秩序，确保人们在数据活动中的利益和社会整体利益的一致性。访谈中，科研人员对数据采集、使用和共享中的道德和伦理问题给予了高度的重视，认识到在科学研究和数据管理中，包含个人隐私的数据应该受到更大程度的监管，但关于所在机构或学科领域的数据伦理声明、数据所有权和知识产权等相关问题，有待进一步了解与学习。

2）突出数据管理与共享、数据交流、数据安全能力

我国数据共享研究和实践起步较晚，科学数据管理与共享政策及相关服务仍在不断发展和完善，再加上缺乏规范的科学数据引用与评价机制，科研人员对科学数据管理与共享的重视程度远远不够。虽然大多数科研人员原则上对数据共享都表示赞成，但在实际操作时却有些勉强，在科学数据共享和出版中存在颇多顾虑，担心数据质量无法保证、数据被不合理使用、自身学术成果不能得到客观认可，等等。能够促使其主动存储和共享数据的因素，主要源于科研人员自身研究工作的需要和发表科研成果的需要。关于数据管理对于科学研究的促进作用，访谈结果表明，超过50%的研究者没有明确的认识，80%以上的科研人员目前仍没有"数据管理计划"（Data Management Plan，DMP）的制定经历，因此还需要较长的时间进行需求的培育和管理的规范。而随着科学研究的国际化趋势，发表学术论文的同时，同步发布相关数据作为支撑材料，或者发表专门的研究数据集，已经逐渐成为一种新的趋势。在科学数据成果的传播方面，科研人员比较关注数据存储的安全性和数据的版权归属问题。

除此之外，科研人员对数据安全和数据交流能力给予了特别关注。在网络化、数据化迅猛发展的时代，科研人员表示不仅要重视网络数据安全，对于如何有效处理物理存储设备上的敏感数据也是非常重要的。另外，数据交流被认为是促进科学传播和提升研究者及其所在机构影响力的

重要途径，大多数被调查者都很重视通过口头或书面等方式对数据分析结果进行解释和评估以及有效表达数据的能力；部分科研人员有数据出版的经历，以此来促进科学研究价值的体现和数据集的再利用。

3）重视个体在团队研究中的科学数据素养能力

现代科研活动中，团队合作与协作特征日益明显，"合作、交互式计算、重现性研究"是数据驱动学术研究的主要特征，数据可开放、可获取、遵从一定的数据规范与标准，是团队合作的基础，这都依赖于承担项目的每位成员明确研究目标、具备协同处理数据的知识与技能。例如，访谈中有科研人员指出，在航天系统工程项目的数据管理中，通常自上而下，逐步利用任务书等手段，将接口文件进行细化和固化，方便团队成员任务明确、责任明晰，通过相关软件或流程说明，保证系统每个阶段的数据流状态清晰，可回溯、可查询，保证不同人员和团队整体目标的协调一致；数据规模、产生速度和复杂程度的增加使得各种类型的错误和误差更容易被引入数据系统，如果出现数据不正确、不完整等异常，需要有能力判断个人数据与团队数据的差异性，并能够运用相关知识分析数据的系统容错性；在数据共享方面，一般都会提前对共享方案和数据权益的分配进行明确说明。由此可见，个体在团队中的数据行为影响与交互成为科学数据素养能力表征的一个不可或缺的重要方面。

4）关注数据生态对科学数据素养能力的影响

数据和学术彼此之间密不可分，二者共存于知识基础设施的复杂生态系统中。数据生态主要是指大数据生态，是一个开放的、可扩展的、可靠的数据生态系统，是网络化数据社会与现实社会的有机融合、互动以及协调的新一代信息技术架构。通过访谈可以发现，在大数据环境下，研究者可能同时属于多个重叠的学术社区，在参与式数字环境中协作生产、责任共担、数据共享，研究者通过批判式思考和反思，不断适应新兴技术，促进学术交流，创新研究方法，作为数据生产者、合作者和分享者等多种角色参与学术研究，实现科研目标，不仅强调获取和使用数据的能力，同时还强调数据管理、数据共享、多学科数据融合的意愿与能力等；数据的政策、实践规范、标准和基础设施也在更大范围内影响着数据行为，兼顾科学的整体利益与科研人员的个人权益，共同推动数据生态系统的和谐可持续发展。因此，个体在数据生态环境中的表现成为大数据环境下科学研究的重要影响因素。

为了应对数据密集型科研范式的挑战，促进数据生态的良性增益发展，科研人员有着迫切的数据管理或利用的培训需求，认识到主动接受数据教育的必要性，希望通过寻找适合自己的教育或培训方式与内容，掌握数据相关的知识与技能，提升科学数据素养能力水平。

3.2　科学数据素养能力指标体系构建原则

指标是"将抽象的、难以测量的社会概念翻译成可以考察、分析的操作型术语"（邓小昭等，2003）。将表征某一事物各方面特性及其相互联系的各种指标系统化地组织起来，形成具有内在结构的、用于分析和评价的有机整体，这就构成了反映该事物的指标体系。建立评估指标体系的目的就是用一种能够获得公众认可的价值标准来衡量和判断事物的价值与优点（邱璇等，2009）。

科学数据素养能力指标体系是将科研人员从事科学研究过程中应该具备的数据能力科学化、具体化、细化为一系列相互联系的指标的集合，从而更为客观和公正地评价科研人员的科学数据素养水平。为了保证指标体系的有效性、合理性，保障评估过程和评估结果的科学性，在构建能力指标体系时，应该遵循以下几条基本原则：

（1）科学性和导向性

评价工作本身具有导向性，评价只是手段，最终目标是通过评价来促进发展。指标体系及其各项指标的设置均应该由强有力的教育评价理论支撑，既要客观反映我国科研人员当前的科学数据素养状况，但又不能受限于现有的科学数据素养教育水平，着力于从整个社会信息化、数据化发展对科研人员数据素养能力的要求出发，来引导、促进科学数据素养教育的发展。

（2）可操作性

指标体系应该易于理解，便于实施。各项指标含义明确、层级分明。

对指标有所取舍，不过分追求全面，如果指标层级结构过多、指标细则过于繁杂，将会影响评价的整体性与可靠性。综合考虑指标数量与层级结构，争取用精炼的指标尽可能全面系统地反映被评价对象的整体能力状态。

（3）独立性与灵活性

指标体系中的各项指标在内容上应保持相对独立性，既彼此联系，但又不能相互隶属，同一层级中的各项指标不能出现包含与被包含关系，避免指标重复、内涵交叉；同时兼顾指标选取的灵活性，由于不同机构的科研水平与教育条件互有差异，在利用指标体系实施评价的时候，应有利于本机构根据具体情况灵活地使用其中的指标。

（4）前瞻性与可持续性

用动态发展的理念指导指标体系构建，科学数据素养是科技进步的产物，必将随着时代发展被赋予更多内涵与要求，因此在设计指标的时候，要兼顾前瞻性与可持续性，使指标体系不仅适用于现阶段科学研究与数据环境的要求，也要经得起一定时期的检验。

3.3 科学数据素养能力指标体系初步构建

大数据时代的科学家培养，注重跨领域复合型人才培养，培养过程中应坚持"应用为先"的导向，而不是纯粹依靠"技术驱动"。因此，对于科学数据素养能力指标体系的构建，需要以提升数据应用能力和科研创新能力为目标，改变从认知数据、采集数据到分析数据的线性思维模式，以"互联网＋数据"的理念作为指导，强调"互联网＋"新业态下，知识社会创新推动的数据思维培养、数据技能提升和数据生态创建与发展。

3.3.1 指标体系的架构

综合国内外文献中所涉及的科学数据素养相关能力指标与特征，结合对我国科研人员科学数据素养能力期望与需求的本土化研究结果，为了更加全面地评价科研人员的科学数据素养水平，本书基于科学数据素养的过程一目标结构内涵，依据指标体系的构建原则，初步将指标体系框架确定为3个维度，分别为"个人""团队""数据生态"，如图3-1，每个维度都有相应的数据素养能力要求（表3-3），共设置了18个一级指标，51个二级指标。

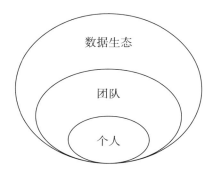

图 3-1 科学数据素养能力指标维度框架结构

表3-3 科学数据素养能力指标体系各维度特征

维度	特征
个人	终身学习，个人数据管理
团队	知识建构与团队研究，团队数据管理
数据生态	责任，交流，发展

（1）"个人"维度

如果说信息时代，信息素养是人的必备素养，那么数据时代，数据素养势必成为个人生存和发展的基本技能，也应该成为个人终身学习的目标。生活在数据社会的每一位个体，不但是数据的生产者，还是数据的消费者和管理者。个体将自己融入数据活动的每个过程中时，需要对数据行为进行反思，不断考察数据来源、数据质量、数据技术与研究任务的适应性，在不断变化的技术环境和数据实践活动中，努力学习和掌握必备技能。这样，一方面推动数据密集型科研环境的良性发展，另一方面可顺利完成各项科研任务。

因此，"个人"维度强调个人数据技能的终身学习以及个人数据管理。这个维度下的所有数据能力，也将是终身学习的重要组成部分，随着新技术的出现和时代的发展，这些数据技能将支持个体应对更加复杂的数据环境，更加高效地完成数据管理。基于"个人"维度的评价重点与考察目标，结合科学数据素养过程—目标结构体系，该维度下设10个一级指标，分别为数据意识、数据收集、数据分析、数据保存、数据管理、数据评价、数据引用、数据交流、数据安全、数据伦理，如图3-2所示。每个一级指标根据其能力构成要素，设立了若干二级指标，"个人"维度的二级指标体系见表3-4。

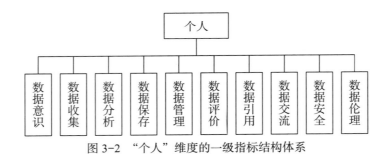

图3-2 "个人"维度的一级指标结构体系

表3-4 "个人"维度的二级指标体系

一级指标	二级指标
数据意识	认识到数据在科学研究与学术交流中的重要作用
	了解数据具有原始创建目的以外的价值和长期使用价值
	将批判性思维贯穿于数据处理与应用的整个过程
	明确自己在学习或科研工作中的数据需求
数据收集	识别并获取各种类型的数据，并将其应用于特定的研究问题
	利用与研究主题相关的数据存储库
	掌握数据检索与获取的基本技能
	选择数据重用时，考虑数据集的权威性和质量（元数据、文档注释等）
	数据采集过程中的数据质量保证，避免数据错误与数据损坏
数据分析	根据研究任务的需要，识别并应用数据分析工具与技术
	掌握数据分析基本步骤，完成特定数据分析任务
	掌握数据可视化方法，评估数据可视化的有效性
	掌握数据转换与互操作方法，将数据转换为研究过程需要的格式
	能够对采集到的数据进行解读

续表

一级指标	二级指标
数据保存	明确数据保存需求，合理制订保存方案
	通过定期备份、异地备份、损失预防、版本控制等解决方案保存数据文件
	了解所有数据保存都有成本
	按照重要性划分数据保存等级，将独特的研究数据集或那些不易被重新创建的数据集作为重点保存对象
数据管理	认识到数据具有生命周期，并且在生命周期的每个阶段有特定的数据管理任务
	理解"数据管理计划"（DMP）作为科研工作不可或缺的组织文件的重要性，了解其概念和组成部分
	知道如何使用元数据进行研究成果的标识、发现、评价和管理
	认识到元数据遵循一定标准，并按照学科规范将其应用于数据集，解读外部数据源的元数据
数据评价	掌握数据质量评价的基本流程
	利用数据识别研究中的一般问题（如工作效率）或高级问题（如政策、环境、经济等）
	掌握数据驱动决策的基本方法
数据引用	了解数据引用的基本原理和作用
	编写新的学术著作时，能够引用数据、文章、图书或其他相关资源
数据交流	通过口头或书面等方式进行有效的数据表达，展示研究论点、论据和结论
	通过数据出版，促进科学研究价值的体现和数据集的再利用
数据安全	掌握数据防护的安全措施
	掌握数据处理的安全措施
	掌握数据存储的安全措施
数据伦理	了解数据采集、使用和共享中的道德和伦理问题
	明确个人或机构的数据所有权和知识产权
	理解所在机构或学科领域的数据伦理声明，知道其与国家和地方法规、机构政策及出版商的数据要求相互作用
	意识到在科学研究和数据管理中，包含个人信息的数据应该受到更大程度的关注和监管
	选择确保数据机密性和隐私性的存储解决方案

（2）"团队"维度

"团队"是为了完成某一项研究任务，由一群具备不同背景、不同技能及不同知识的人员进行协调、协作、协同工作的组织构成。美国自然科学基金会2011年提出在更大的背景下理解科学研究，强调数字学术（Digital Scholarship）的特征与趋势为"数据密集型、多学科交叉、团队合作与协作、以问题为导向"（秦健，2017）。合作是数字学术环境下的最主要特征之一，不仅是同一所学校、同一个院系的个体研究者之间的合作，而且包括跨学科、跨机构、跨项目组的合作。国际大规模科研合作的典型案例，如人类基因组计划，来自美、英、日、法、德、中等国家的科学团队参与了项目研究（Human Genome Project，2015）；第一篇关于引力波发现的报道中，共有来自德国、意大利、法国、中国等国家多达1083名作者（Abbott，2016）。中规模和小规模的科研合作更是不胜其数。合作成为一种常态，不是新生事物，随着时代发展与技术进步，其合作的广度和深度将会不断拓展。

"合作、交互式计算、重现性研究"是数据驱动学术研究的主要特征。在数据驱动的研究当中，既然有很多团队参与合作，那么数据要做到开放、可获取，就依赖于元数据和数据之间的规范、标准，依赖于科研人员良好的伦理道德与行为表现。科研人员必须要有数据处理的知识和能力，现代科学研究，需要同时会用很多种工具，而且往往是结合在一起使用的，特别强调研究效率与精准度。每位科研人员会为同一个项目而承担其中一部分任务，如何来管理整个项目、提升研究质量、保证研究效率，是项目成功的重要保障，需要考虑和解决的问题非常多。对于数据驱动的研究，尤其是各类数据工具的驱动，科研人员要进行反思，要清楚研究目标是什么、科研团队可以做什么。尽管人文科学和自然、工程及社会科学的研究流程有一些不同，但总的来说大同小异。

"团队"维度强调团队知识建构以及团队数据管理。这一维度所包括的数据素养能力是围绕着一个团队内部成员高效而有效地共享数据、合作管理数据、共同达到团队科研目标而设置的。"团队"维度下设3个一级指标，分别为"个人与团队成员之间的数据共享性""个人数据与团队目标数据的相容性与一致性""个人数据与团队目标数据的差异性与容错性"，其一级指标结构体系如图3-3所示。根据每个一级指标所包含的能力要素，设立了若干二级指标，"团队"维度的二级指标体系见表3-5。

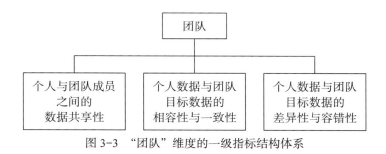

图3-3 "团队"维度的一级指标结构体系

表3-5 "团队"维度的二级指标体系

一级指标	二级指标
个人与团队成员之间的数据共享性	意识到个人与团队数据共享的重要性
	掌握个人与团队数据共享的原则
个人数据与团队目标数据的相容性与一致性	了解个人与团队数据规范与数据接口协议
	了解个人数据与团队发展目标的匹配性
个人数据与团队目标数据的差异性与容错性	了解个人与团队数据的差异性
	个人数据差错及与团队数据的系统容错性

（3）"数据生态"维度

生态就是指一切生物的生存状态以及它们之间和它与环境之间环环相扣的关系，生物与环境是一个不可分割的整体。数据生态主要指大数据生态，是一个开放的、可扩展的、可靠的数据生态系统，是网络化数据社会与现实社会的有机融合、互动以及协调，是形成大数据感知、管理、分析与应用服务的新一代信息技术架构和良性增益的闭环生态系统，目标是实现全球科研数据的关联与协作。互联网时代无论是代码还是数据，只有开放，才能集聚群体的智慧，激发创新的力量，发挥出更大的价值，真正推动社会进步。大数据需要有大量能互相连接的数据，无论是自己产生的，还是通过开放共享的，抑或根据需要购买的或交换的数据。这些数据在大数据平台，或者是能互通的各个数据节点上，有相同的数据标准，能够正确地关联，通过大数据相关处理技术（如算法、引擎、机器学习），形成自动化、智能化的大数据产品或者业务，自动智能地指导人类的生产活动、工业制造、社会发展等，进而形成从数据生产、采集、存储、分析、管理到应用服务以及反馈的闭环生态系统。数据生态为人们提供了大量的机会，也带来很多风险。处于生态系统中的利益相关者，彼此以开放的态度进行交流与合作，为了保证数据有序、规范、安全地运行，均应具有数据生态的法制意识和行为规范，充分地理解数据安全问题，并将其贯穿于数据活动和交互的每个环节，主动培养并提高科学数据素养水平，为数据生态的良性发展贡献力量。

个体处于数据环境之中，产生的数据会对整个数据社会环境产生影响，反之数据环境的变化也会影响个体的思维与行为模式，进而影响个体产出的数据。个体和数据环境是相互依存和相互影响的。

无论是教师视角，还是学生视角，抑或图书馆员视角，都应该将数据素养能力置于更广阔的"数据生态"来考虑。个人作为数据生态系统中的一员，有责任也有义务为推动建设良性健康的数据生态而努力，不仅要掌握自身如何利用或合作管理数据，而且要有能力指导共同体中的相关人员科学合理地利用数据、管理数据，并能在关键任务中知道如何获取资源、寻求帮助。"数据生态"维度强调个体在数据生态中的责任、交流和发展，共设立5个一级指标，分别为"数据生态意识及数据文化""数据共享""数据生态动态平衡与调节""数据生态法规建设""数据教育与培训"，如图3-4所示。每个一级指标下设若干二级指标，详见表3-6。

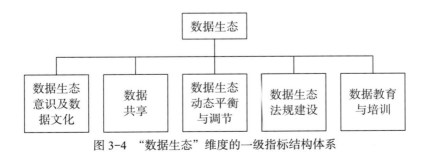

图3-4 "数据生态"维度的一级指标结构体系

表3-6　"数据生态"维度的二级指标体系

一级指标	二级指标
数据生态意识及数据文化	了解数据生态的意义，具备维护数据生态健康良性发展的意识
	主动弘扬数据文化，尊重事实，推崇理性
	了解大数据的价值及应用领域
数据共享	充分理解数据共享的重要性和复杂性，数据共享为科研人员、机构乃至国家的科研合作提供基础
	了解并应用数据共享平台
数据生态动态平衡与调节	认识到数据生态是一个动态平衡的过程，并具备自我调节能力
数据生态法规建设	具有数据生态的法制意识
数据教育与培训	认识到主动接受数据教育与培训的必要性

3.3.2　指标表征与描述

在科学数据素养能力指标体系中，二级指标是围绕其所属维度中一级指标的总体目标而设立的，分别从不同的侧面反映了一级指标范畴下所应该具备的能力要素。这些指标一方面用来评价科研人员数据素养水平，另一方面用来指导科学数据素养教育实践，对其进行准确表征与描述，是能力指标体系构建的重要任务。

美国大学与研究图书馆协会2015年发布的《高等教育信息素养框架》，作为全球素养评价中的先进理念，围绕六个主题构建了新的信息素养体系，每一部分以一个"阈概念"（Threshold Concept）作为信息素养的有机组成部分，并且通过"知识技能"（Knowledge Practices）和"行为方式"（Dispositions）两个相关元素，来反映重要的培养目标。"知识技能"表示学习者理解和掌握"阈概念"之后所应具备的知识或技能，"行为方式"体现的是学习者以特定方式思考或行动的情感和态度倾向（秦小燕，2015）。这些新兴的理念启发我们在理解新的科学研究和高等教育范式中，注重技能培养的同时，要更加强调理念提升。因此，本书基于布鲁姆教育目标分类法，分别对三级指标进行了知识、技能、态度三个方面的具体表征。"知识"从认知层面考察被评估对象在能力指标要求下所应该具备的基本知识，包括事实性知识、概念性知识、程序性知识、元认知知识，掌握了这些知识，即通晓了一门学科或解决其中的具体问题所必须了解的基本要素、要素之间的关系、方法准则以及自我认知。"技能"则从行为层面对能力指标所应表现的相关反应或动作做出说明，包括对具体问题情境的感知、为了特定行动或经验而做出的相关准备、具体任务的操作行为或方式等。"态度"侧重于对个体情感层面的表征，即面对某一现象或某项行为时，所表现出的意愿、兴趣、个人品性、价值取向，在某种意义上说，态度决定了个体完成任务时准备付出的努力程度、克服困难和挫折的决心以及判断事物的价值标准。"知识""技能""态度"三个方面共同体现了科学数据素养的教育目标，不能孤立地把他们分割开来，这也意味着每种能力在理论上都可以通过多种方式进行评估。

以某一条二级指标为例，如"个人"维度中"数据意识"的二级指标"明确自己在学习或科研工作中的数据需求"，其知识（认知层面）、技能（行为层面）、态度（情感层面）的具体描述方式，见表3-7。

表3-7　科学数据素养能力指标体系二级指标的描述方式（示例）

维度	一级指标	二级指标		
		知识（认知层面）	技能（行为层面）	态度（情感层面）
个人	数据意识	明确自己在学习或科研工作中的数据需求		
		了解本专业或本领域的数据种类及其来源	能够通过多种渠道获取所需数据，创建新的数据	判断和评估数据需求的满足程度与利益成本

3.3.3　指标体系初步设计

科学数据素养能力指标体系，分别从"个人""团队""数据生态"三个维度进行分析，探讨了每个维度对数据素养能力考察的重点和要求，以此为基础，形成了18个能力域，即一级指标；对每个能力域所包含的具体能力要素进行表征，共提取了51个二级指标，分别从"知识""技能""态度"三个方面进行详细的描述，最终形成了完整的能力指标体系。整个体系呈现了一种多维立体结构：既有纵向的类属维度和能力域层级划分，又有横向的具体能力要素分解。这种结构使科学数据素养能力指标体系在指导科学数据素养能力评价、相关课程开发与教育实践等方面具有很强的实用性和可操作性。

初步设计的"科学数据素养能力指标体系"参见附录3。

3.4 科学数据素养能力指标体系评议

3.4.1 研究方法

本书采用德尔菲法进行指标筛选与指标权重的确定。德尔菲（Delphi）法，又名专家意见法，是一种重要的专家评价及预测方法，于20世纪40年代由赫尔默（Helmer）和戈登（Gordon）首创，最初产生于科技领域，后来逐渐被应用于其他领域的预测工作，如军事、人口、医疗保健、经营、教育等。此外，还被广泛应用于评价、决策和管理规划工作（Joseph，2003；Gupta，1996）。作为一种主观、定性的方法，尤其在各种评价指标体系的建立和具体指标的确定过程中发挥了重要作用（Graham，2003）。

德尔菲法本质上是一种匿名的反馈函询法，即利用函询形式进行的集体匿名思想交流过程。其核心是通过匿名方式，对所要预测的问题进行多轮专家意见征询，对每一轮收集到的意见进行梳理、汇总和统计，并将集中意见后的修订稿作为参考材料，再匿名反馈给各位专家，以供分析判断，进而提出新的论证意见，直至专家意见趋于一致，得到一个较为一致且可靠的结论或方案，具体实施步骤如图3-5所示。它有三个明显区别于其他专家预测方法的特点：匿名性、反馈性、统计性。其充分吸收不同专家的经验和学识，保证了预测或评价结论的可靠性、客观性。

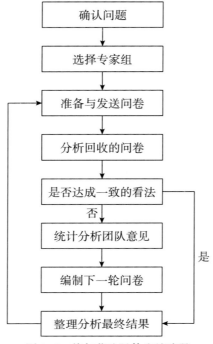

图 3-5　德尔菲法具体实施步骤

德尔菲法一般应该遵守以下原则：①挑选的专家应具备一定的代表性、权威性；②在进行预测之前，首先应取得参加者的支持，确保他们能认真地进行每一次预测，以提高预测的有效性；③问题表设计应该措辞准确，不能引起歧义，征询问题数量适中，问题要集中，要有针对性；④进行统计分析时，应该区别对待不同的问题，对于不同专家的权威性应给予不同权数，而不是一概而论；⑤提供给专家的信息应该尽可能充分，以便其做出判断；⑥调查单位或领导小组的意见不应强加于调查意见之中，防止出现诱导现象（杨良斌，2017）。

3.4.2　实施步骤

本书采用德尔菲法进行指标体系专家评议的具体步骤如图3-6所示。

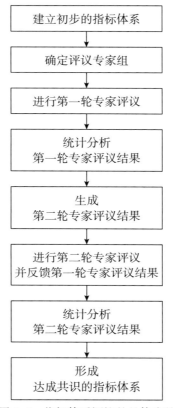

图 3-6　指标体系评议的具体步骤

3.4.3　评议过程

3.4.3.1　第一轮评议程序与内容

第一轮评议程序是通过电子邮件或递送纸质版的方式将问卷发放给各位评议专家。为了达到最佳的评议效果，随附一封简要的说明信，针对课题研究背景与主要研究目标，向专家详细介绍了指标体系的构建思路与方法，同时说明了所采取的德尔菲法的具体实施步骤，使专家清楚地了解课题主要研究内容，掌握指标体系的评议基础。

"'科学数据素养能力指标体系'专家评议问卷（第一轮）"详见附录3。评议内容主要包括五个方面：

（1）请专家评议各项指标的"必要性"，并在"必要性"一栏中相应的等级代码处勾选（5非常必要；4必要；3一般；2不太必要；1不必要）。

（2）请专家评议各项指标描述的"明确性"，并在"明确性"一栏中相应的等级代码处勾选（5非常明确；4明确；3一般；2模糊；1非常模糊）。

（3）请专家针对每项指标提出修改意见，填写于"修改意见"一栏中。

（4）请专家补充各个维度中需要补充的指标，填写于"建议增加的指标"一栏中。

（5）采用开放式问题的方式，请专家提出对整个指标体系的意见或建议。

为了方便结果分析与统计，分别对各项指标做了编码，维度分别表示为"个人"（G）、"团队"（T）、"数据生态"（S）；一级指标分别表示为"G1、G2…G10，T1…T3，S1…S5"；二级指标由一级指标代码加顺序号构成，如"G11、G12…T11、T12…S11…S51"。

3.4.3.2　第二轮评议程序与内容

第二轮评议程序是通过电子邮件或递送纸质版的方式将第二轮评议问卷发放给各位专家，此次的评议专家全部为已经参加过第一轮指标评议的专家，因此对指标研究的内容和方法已基本了解，无须做出特别说明。

除了"'科学数据素养能力指标体系'专家评议问卷（第二轮）"（见附录4）以外，同时将第一轮指标评议结果反馈给专家，包括"必要性"和"明确性"分析结果（见表3-10）。第二轮评议内容主要包括五个方面：

（1）指标的"必要性"评议，对第一轮评议中未达成共识的指标以及经合并修改后的指标进行"必要性"评议；

（2）指标的"明确性"评议，对第一轮评议中"明确性"未满足要求的指标和其他修改过的指标进行"明确性"评议；

（3）请专家对每项指标提出修改意见；

（4）请专家提出对整个指标体系的意见或建议；

（5）请专家对每个二级指标的知识（认知层面）、技能（行为层面）、态度（情感层面）三个层面按照重要性进行评定，并将相应的数字填入空白处（3最重要；2比较重要；1相对不重要）；

（6）请专家对"一级指标"和"指标维度"的重要性等级进行评定，将相应的等级数字或权重值填入空格中。

3.4.4　结果分析

3.4.4.1　专家评议结果概况

（1）评议专家的基本情况

选择专家是德尔菲法成败的关键（Brown，1968）。德尔菲法所选取的专家应该是对研究问题有一定的了解程度并能够从同一个角度去理解项目分类和有关定义的人。专家的权威程度要高，具备较高的理论水平和丰富的实践经验，能够提出独到见解和有价值的判断。专家人数需根据研究项目涉及的知识范围、专家意见表的回收率等综合确定，既要保证专家所属学科的代表性，又要有利于评议组织和实施、数据分析与处理的顺利进行。根据有关文献报道，因预测课题的规模大小以及涉及面的宽窄，专家人数一般以15—50人为宜（孙振球，2002）。

本书评议的内容是科研人员的科学数据素养能力指标体系，所需要的评议人员应该由从事数据素养教育的专家以及科研第一线的专家学者共同组成，根据德尔菲法的实施原则，为了保证指标体系的"科学性与导向性""超前性与可持续性"，特选取一流高校或科研院所副教授（副研究员）职称以上的专家参与评议。同时考虑到调查的普遍性和学科的综合性，专家的学科背景既有理科、工科，又有人文、经管、社会科学等，保证了最终评议产生的科学数据素养能力指标体系是通用层次的，能够适用于多种学科。通过与所邀请专家的沟通联络，确定参加项目评议的专家有足够的热情与时间进行评议。第一轮共邀请了23位专家构成评议专家组。在所有参加评议的专家成员中，表示对项目主题很熟悉的有15位，占65.2%；表示熟悉的有8位，占34.8%；没有人员表示不熟悉。评议专家组的基本情况参见表3-8。

表3-8　评议专家组基本情况

分类	学科领域				职称		学历	年龄		
	理工	经管	人文	其他	正高	副高	博士	30—40	40—50	50—60
数量（人）	11	5	4	3	13	10	23	6	13	4
比例（%）	47.8	21.7	17.4	13.1	56.5	43.5	100.0	26.1	56.5	17.4

（2）专家评议表的回收情况

专家评议表的回收率（回收率＝完成咨询的专家数/全部专家数），也称为专家积极系数，通常用来反映评议专家对研究问题的关心程度。本书共进行了两轮德尔菲专家咨询，第一轮发放问卷23份，收回21份，第二轮发放21份，收回21份，且均为有效问卷，其积极系数分别为91.3%、100%，如表3-9所示，这表明专家对本书的研究主题非常关心，参与程度很高。

表3-9　两轮德尔菲评议的专家积极系数

咨询次数	发放调查问卷数（份）	回收调查问卷数（份）	回收率（%）
第一轮	23	21	91.3
第二轮	21	21	100

3.4.4.2　第一轮专家评议结果分析

（1）数据分析方法

1）"必要性"评议数据的分析方法

综合采用李克特五点量表、众数法、四分位差和"必要性"判定法，进行"必要性"评议数据的分析。

对于任一项指标而言：

当指标只有1个众数的时候，则采用四分位差判断该众数是否是专家组达成的共识意见；当指标有2个、3个或4个众数的时候，说明专家组意见未达成共识。

根据以上分析结果，结合专家评议的"必要性"比重，判断指标的取舍；并且按照专家意见修改指标内容，在下一轮调查问卷中请专家再次评议该指标的"必要性"。

①李克特五点量表法

将第一轮评议问卷中"必要性"一栏的专家评议选项划分为5个等级，并分别赋值，即：

5非常必要——计5分

4必要——计4分

3一般——计3分

2不太必要——计2分

1不必要——计1分

②众数法

"众数"是指一组数据中出现次数最多的那个数据。本书采用众数法判断专家意见的集中趋势，专家意见中出现比例最高的选项，即作为指标的"必要性"等级。

对于一组数据，众数可能是唯一，也可能多于一个。在本书"必要性"的评议数据中，21位专家对"科学数据素养能力指标体系"中各项指标的"必要性"等级进行了判定，形成一个由21个数据构成的数据组，众数最少1个，最多4个，因此，专家意见有可能集中在一个或几个选项上。

例如，指标G25的评议数据，专家组中有81.0%的专家选择了5，4.8%的专家选择了4，9.5%的专家选择了3，4.8%的专家选择了2，没有专家选择1，因此，指标G25"必要性"评议数据的众数为5，是"非常必要"的指标。

指标G32的评议数据，专家组中有42.9%的专家选择了5，42.9%的专家选择了4，9.5%的专家选择了3，4.8%的专家选择了2，没有专家选择1，那么，指标G32"必要性"评议数据众数为5（非常必要）和4（必要）。

③四分位差法（曾晓牧，2005）

"四分位数"是指在统计学中把所有数值由小到大排列成一个数列，并分成四等份时，处于三个分割点位置的数值。四分位数共有3个，第1个四分位数称为下四分位数，通常用Q_1表示，表示位于数列中第25%位置的数字；第2个四分位数称为中位数，用Q_2表示，表示位于数列中第50%的数字；第3个四分位数称为上四分位数，用Q_3表示，表示位于数列中第75%的数字。

"四分位差"表示第3个四分位数（Q_3）与第1个四分位数（Q_1）的差距，用$Q.D.$表示。计算公式为：

$$Q.D. = Q_3 - Q_1 \qquad （公式3-1）$$

对于本书的任何一组"必要性"评议数据，共有21个数据，按照从小到大的顺序排列，其四分位数如图3-7所示：

A1 A2 A3 A4 A5 A6 A7 A8 A9 A10 A11 A12 A13 A14 A15 A16 A17 A18 A19 A20 A21

（A5+A6）/2　　　　　　　A11　　　　　　　（A16+A17）/2
第一四分位数　　　　第二四分位数　　　　　第三四分位数

图3-7　指标"必要性"评议数据组的四分位数

其中，An为"必要性"取值，且

$$An \in \{1, 2, 3, 4, 5\}（n=1, 2, … , 21）$$

四分位差为：

$$Q.D. = Q_3 - Q_1 = \frac{A16 + A17}{2} - \frac{A5 + A6}{2} \qquad （公式3-2）$$

$Q.D.$是描述一组数据离散程度的特征数，对于本书的"必要性"评议数据，$Q.D.$反映了专家对于同一指标的评议意见的分歧程度，$Q.D.$数值越大，表明专家组意见分歧越大，$Q.D.$越小，表明专家组意见越集中。

针对本书的"必要性"评议数据，$Q.D.$的取值区间为{0, 0.5, 1, 1.5, 2, 2.5, 3, 3.5, 4}。论证如下：

因为评议数据是从小到大进行排列，所以（$A16 + A17$）≥（$A5 + A6$），由公式3-1可知，$Q.D. \geq 0$

又因为　$A5, A6, A16, A17 \in \{1, 2, 3, 4, 5\}$

所以　$A5 + A6 \in \{2, 3, 4, 5, 6, 7, 8, 9, 10\}$

故　$Q_1 = \frac{A5 + A6}{2} \in \{1, 1.5, 2, 2.5, 3, 3.5, 4, 4.5, 5\}$

同理　$Q_3 = \frac{A16 + A17}{2} \in \{1, 1.5, 2, 2.5, 3, 3.5, 4, 4.5, 5\}$

所以，$Q.D. =Q_3 - Q_1 \in \{0, 0.5, 1, 1.5, 2, 2.5, 3, 3.5, 4\}$

经过以上分析，可以认为当$Q.D.=0$或者$Q.D.=0.5$时，该项指标的专家评议意见基本达成共识。

$Q.D.=0$的物理意义如下：

当众数为"5非常必要"时，专家组中至少有17位意见一致，即81.0%的专家选择了5；

当众数为"4必要"时，专家组中至少有13位意见一致，即61.9%的专家选择了4；

当众数为"3一般"时，专家组中至少有13位意见一致，即61.9%的专家选择了3；

当众数为"2不太必要"时，专家组中至少有13位意见一致，即61.9%的专家选择了2；

当众数为"1不必要"时，专家组中至少有17位意见一致，即81.0%的专家选择了1。

$Q.D.=0.5$的物理意义如下：

当众数为"5非常必要"时，专家组中至少有16位意见一致，即76.2%的专家选择了5；

当众数为"4必要"时，专家组中至少有12位意见一致，即57.1%的专家选择了4；

当众数为"3一般"时，专家组中至少有12位意见一致，即57.1%的专家选择了3；

当众数为"2不太必要"时，专家组中至少有12位意见一致，即57.1%的专家选择了2；

当众数为"1不必要"时，专家组中至少有16位意见一致，即76.2%的专家选择了1。

④ "必要性"判定

本书中，针对某项指标"必要性"的专家评议结果，共有5个选项，即"5非常必要；4必要；3一般；2不太必要；1不必要"。通过计算某个选项的专家数在专家总数中所占的百分数，可以看出该项指标专家意见的分布情况。将"5非常必要"和"4必要"两个选项的专家百分数相加，即得出该项指标的"必要性"百分数。按照本书的研究要求,当"必要性"百分数<60%,则认为该指标不必要,可以从指标体系中剔除。

2)"明确性"评议数据的分析方法

采用李克特五点量表、算数平均值分析方法来判断指标的"明确性"。

①李克特五点量表法

将第一轮评议问卷中"明确性"一栏的专家评议选项划分为5个等级,并分别赋值,即:

5非常明确——计5分

4明确——计4分

3一般——计3分

2模糊——计2分

1非常模糊——计1分

②算术平均值

算术平均值可以用来表征一组数据的集中趋势。本书以"明确性"评议数据组的平均值$\bar{x}$,作为全体专家对该项指标"明确性"的集中意见。计算公式为:

$$\bar{x} = \frac{x_1 + x_2 + \cdots + x_n}{n} = \frac{\sum_{i=1}^{n} x_i}{n} \qquad (公式3-3)$$

其中,$n=21$,$x_i \in \{1, 2, 3, 4, 5\}$

当$\bar{x}>4$时,则认为该项指标的"明确性"达到本书的研究要求(宋化民等,1990)。

(2)数据分析结果

1)"必要性"和"明确性"评议结果

第一轮各指标的"必要性"和"明确性"评议结果数据见表。

由表3-10的分析结果可知:

在第一轮"必要性"专家评议中,"科学数据素养能力指标体系(初稿)"中的51项二级指标,共有39项指标达成共识,成为必要的指标;另有12项指标未达成共识,需要根据专家意见进行相应修改,然后进入下一轮"必要性"评议;其中有2项指标的"必要性"百分比小于60%,分别为"G43了解所有数据保存都有成本""G54认识到元数据遵循一定标准，并按照学科规范将其应用于数据集，解读外部数据源的元数据"。因此，可将这2项指标从指标体系中剔除，根据专家意见，将相关内容合并到其他指标中去。

在第一轮"明确性"专家评议的51项指标中，共有33项的"明确性"达到本书的研究要求，另外19项指标的"明确性"还有待提高；即使在39项达成共识的指标中，也有9项指标"明确性"未达标。研究人员需要结合指标的"必要性"判定，对"明确性"未达标的指标进行相应修改，然后进入下一轮"明确性"专家评议。

表3-10 指标的"必要性"和"明确性"评议结果（第一轮）

维度	一级指标	二级指标	"必要性"各选项所占百分比					众数	Q.D.	"必要性"是否达成共识	"必要性"判定（%）	"明确性"平均值	"明确性"是否满足要求
			5	4	3	2	1						
G	G1	G11	81.0%	14.3%	4.8%	0	0	5	0	是	95.2%	4.5	是
		G12	76.2%	19.0%	4.8%	0	0	5	0.5	是	95.2%	3.6	否
		G13	23.8%	71.4%	4.8%	0	0	4	0.5	是	95.2%	4.0	否
		G14	76.2%	19.0%	4.8%	0	0	5	0.5	是	95.2%	4.5	是
	G2	G21	42.9%	28.6%	28.6%	0	0	5	2	否	71.4%	4.2	是
		G22	47.6%	38.1%	4.8%	9.5%	0	5	1	否	85.7%	4.1	是
		G23	23.8%	66.7%	9.5%	0	0	4	0.5	是	90.5%	4.4	是
		G24	19.0%	71.4%	9.5%	4.8%	0	4	0	是	90.5%	4.0	否
		G25	81.0%	4.8%	9.5%	4.8%	0	5	0	是	85.7%	4.1	是
	G3	G31	23.8%	61.9%	9.5%	4.8%	0	4	0.5	是	85.7%	4.2	是
		G32	42.9%	42.9%	9.5%	4.8%	0	4、5	—	否	85.7%	4.0	否
		G33	76.2%	14.3%	4.8%	4.8%	0	5	0.5	是	90.5%	4.3	是
		G34	28.6%	42.9%	23.8%	0	0	4	2	否	71.4%	4.0	否
		G35	23.8%	71.4%	4.8%	0	0	4	0.5	是	95.2%	4.1	是
	G4	G41	76.2%	14.3%	4.8%	4.8%	0	5	0.5	是	90.5%	4.0	否
		G42	76.2%	14.3%	4.8%	4.8%	0	5	0.5	是	90.5%	4.4	是
		G43	14.3%	42.9%	33.3%	9.5%	0	4	1	否	57.1%	3.7	否
		G44	23.8%	57.1%	19.0%	0	0	4	0.5	是	81.0%	4.1	是

续表

维度	一级指标	二级指标	"必要性"各选项所占百分比					众数	Q.D.	"必要性"是否达成共识	"必要性"判定（%）	"明确性"平均值	"明确性"是否满足要求
			5	4	3	2	1						
G	G5	G51	23.8%	47.6%	28.6%	0	0	4	1.5	否	71.4%	3.8	否
		G52	14.3%	52.4%	28.6%	4.8%	0	4	1	否	66.7%	3.6	否
		G53	23.8%	38.1%	33.3%	4.8%	0	4	1.5	否	61.9%	3.9	否
		G54	19.0%	38.1%	38.1%	4.8%	0	3，4	—	否	57.1%	3.9	否
	G6	G61	23.8%	71.4%	0	4.8%	0	4	0.5	是	95.2%	4.2	是
		G62	61.9%	14.3%	23.8%	0	0	5	0.5	是	76.2%	3.7	否
		G63	57.1%	19.0%	19.0%	4.8%	0	4	0.5	是	76.2%	4.1	是
	G7	G71	76.2%	9.5%	14.3%	0	0	5	0.5	是	85.7%	4.2	是
		G72	76.2%	19.0%	4.8%	0	0	5	0.5	是	95.2%	4.2	是
	G8	G81	76.2%	9.5%	9.5%	4.8%	0	5	0.5	是	85.7%	4.0	否
		G82	23.8%	61.9%	14.3%	0	0	4	0.5	是	85.7%	4.2	是
	G9	G91	76.2%	14.3%	4.8%	4.8%	0	5	0.5	是	90.5%	4.3	是
		G92	19.0%	76.2%	0	4.8%	0	4	0	是	95.2%	4.1	是
		G93	23.8%	66.7%	9.5%	0	0	4	0.5	是	90.5%	4.1	是
	G10	G101	9.5%	76.2%	14.3%	0	0	4	0	是	85.7%	4.1	是
		G102	76.2%	19.0%	4.8%	0	0	5	0.5	是	95.2%	4.4	是
		G103	23.8%	71.4%	4.8%	0	0	4	0.5	是	95.2%	4.3	是
		G104	42.9%	42.9%	14.3%	4.8%	0	4，5	—	否	85.7%	4.0	否
		G105	19.0%	61.9%	14.3%	0	4.8%	4	0	是	81.0%	4.1	是

续表

维度	一级指标	二级指标	"必要性"各选项所占百分比					众数	*Q.D.*	"必要性"是否达成共识	"必要性"判定（%）	"明确性"平均值	"明确性"是否满足要求
			5	4	3	2	1						
T	T1	T11	81.0%	14.3%	4.8%	4.8%	0	5	0.5	是	95.2%	4.2	是
		T12	23.8%	71.4%	4.8%	0	0	4	0.5	是	95.2%	4.1	是
	T2	T21	19.0%	66.7%	9.5%	0	4.8%	4	0	是	85.7%	4.1	是
		T22	19.0%	71.4%	9.5%	0	0	4	0	是	90.5%	4.1	是
	T3	T31	28.6%	47.6%	23.8%	0	0	4	1.5	否	76.2%	3.9	否
		T32	23.8%	61.9%	9.5%	4.8%	0	4	0.5	是	85.7%	4.1	是
S	S1	S11	19.0%	61.9%	19.0%	0	0	4	0	是	66.7%	3.9	否
		S12	23.8%	71.4%	4.8%	0	0	4	0.5	是	95.2%	4.2	是
		S13	23.8%	57.1%	14.3%	4.8%	0	4	0.5	是	81.0%	3.9	否
	S2	S21	23.8%	66.7%	4.8%	4.8%	0	4	0.5	是	90.5%	4.1	是
		S22	14.3%	66.7%	14.3%	4.8%	0	4	0	是	81.0%	4.0	否
S3		S31	19.0%	47.6%	33.3%	0	0	4	1	否	66.7%	3.8	否
S4		S41	23.8%	61.9%	14.3%	0	0	4	0.5	是	85.7%	4.1	是
S5		S51	76.2%	14.3%	9.5%	0	0	5	0.5	是	90.5%	4.2	是

注："必要性"选项的含义：5非常必要；4必要；3一般；2不太必要；1不必要。

2）第一轮专家修改意见

专家组对指标体系的整体框架表示认可，对"维度"和"一级指标"的设置均未提出任何异议，认为整个指标体系设计得较为系统而且全面，内容也很员翔实。但有专家指出其中部分指标所涉及的内容专业性较强，如"数据管理"部分的相关术语，非专业人士理解起来会存在一定困难，将影响到评价结果的可靠性；还有专家表示不同学科领域的科学数据素养能力侧重点不同，期望能够按照学科特性设计出更有针对性的指标体系；有专家建议在定性评估的基础上，增加定量评估的指标，使评估更加科学有效；有专家指出如果针对指标体系拟定一些潜在的应用者，实施评价和考核会具有更强的指导意义。

专家对每项指标的主要修改意见列举如下：

① 建议增加的指标内容

"G1 数据意识"中增加"在大数据时代，根据自身的研究主题，主动扩展数据的来源范围和数据格式，基于多元数据，拓展所研究问题的交叉领域"。

"G2 数据收集"中增加"掌握通过网络搜索开源数据库和学科领域公认的数据评估网站的方法""对数据格式的了解和掌握""了解如何发布自己建立的数据库，并进行相应的推广和提升；了解本学科领域国际上最知名的数据库发布平台"。

"G3 数据分析"中增加"能够由数据显示出的特性归纳一般的规律，并加以验证""掌握数据清洗方法，分析数据质量，调整数据格式，为数据分析做准备"。

"G4 数据保存"中增加"了解所在机构的数据保密要求以及所使用数据的保密规范""了解数据保存的分类标准，对于不同密级的数据，如何设定数据的获取级别等"。

"G5 数据管理"中增加"了解数据管理的价值创造目标"。

"G6 数据评价"中增加"掌握评价数据完备性的方法"。

"G7 数据引用"中增加"了解数据引用规范、国家的相关规定和学术道德规范"。

"T 团队"中增加"除个人数据与团队目标数据之间的关系以外，还应该增加个人数据与学校、科研社区、行业协会、完全开源等更大范围共享的关系"。

"S数据生态"中增加"对相关领域的数据生态状况有所了解，对前沿进展密切关注"。

对于建议增加的指标内容，在进行修改的时候，结合已有指标的内涵，进行深入分析和界定，对相关内容进行合并或者修改，既保证指标体系的完备性，又兼顾各项指标的独立性。

②指标的修改建议

"G11知识层面"将"了解数据基本概念"改为"了解科学研究中所产生和利用的数据是什么""了解数据的产生过程和如何获取他们"。

"G12了解数据具有原始创建目的以外的价值和长期使用价值"改为"了解数据具有原始创建价值及其重复利用和长期使用价值"。

"G13"改为"将批判性思维贯穿于数据收集、处理与应用的整个过程"；"知识层面"中"了解与数据相关的高级问题和挑战"建议修改。

"G14"考虑二级指标的重要性顺序，建议将此指标与"G12"的位置进行互换调整。"知识层面"将"明确自己学科领域的数据来源"改为"了解本专业或本领域包含哪些数据"。

"G21"中关于"数据类型"和"数据格式"的描述需要更加明确和清晰；"技能层面"将"根据需求获取不同类型的数据"改为"根据需求有效选择不同方式（如调查、访谈、实验等）和工具收集数据"。

"G22"将"利用与研究主题相关的数据存储库"改为"利用与科研课题相关的数据存储库获取所需的数据资源"。

"G23掌握数据检索与获取的基本技能"与"G21"指标内容有所重复和交叉，建议合并。

"G24知识层面"将"了解数据集评价的相关工具和流程"改为"了解数据集评价的基本方法和相关评价工具与流程"。

"G25技能层面"中"积极采取措施防止数据错误和数据损坏"增加"设备校正"等内容。

"G31根据研究任务的需要，识别并应用数据分析工具与技术"在"知识"和"技能"层面的描述中，最好列举出相关工具、软件与分析方法的名称，以便对照评估。

"G32掌握数据分析基本步骤，完成特定数据分析任务"表述较为笼统，"知识层面"中"明确数据分析管理程序，了解本机构或学科的最佳实践"，对"最佳实践"的理解有难度，不够明确和具体。

"G33"按照"G3数据分析"中各指标的逻辑顺序，可将此指标调整到G35之后。

"G34掌握数据转换与互操作方法，将数据转换为研究过程需要的格式"，建议与"G32"合并；增加"对学科领域数据标准（如元数据、数据格式等）了解与应用"的相关内容。

"G35能够对采集到的数据进行解读"，建议修改为"能够对采集到的数据进行描述性分析或探索性分析"；"知识层面""理解图表、表格和图形中的数据"改为"理解数据集中的数据意义"；"技能层面"增加"能够使用研究工具和权威指标检验所采集数据的正确性，识别明显错误或无效数据"。

"G41明确数据保存需求，合理制订保存方案"中"态度层面""在确定最佳保存方案时寻求专业帮助，并积极采用数据保存的最佳实践以实现数据价值再生"改为"在确定最佳保存方案时寻求专业帮助，并积极采用数据保存的最佳实践以保证数据能够重复利用"。

"G43了解所有数据保存都有成本"，在大数据规模下探讨此问题，具有更强的指导意义，建议将相关内容与"G41"进行合并。

"G44技能层面"中"区分哪些数据需要长期保存，哪些不需要"，建议明确"重要性"与"长期保存"的关系。

"G51认识到数据具有生命周期，并且在生命周期的每个阶段都有特定的数据管理任务"，对"数据生命周期"的理解存在困难，建议加入相关解释。

"G52理解'数据管理计划'（DMP）作为科研工作不可或缺的组织文件的重要性，了解其概念和组成部分"，对于"数据管理计划"的概念和内涵，大多数科研人员缺乏实际操作经验，建议结合我国科研实际情况，进行相应修改："能够熟悉并利用不同的数据管理平台和工具"。

"G53知道如何使用元数据进行研究成果的标识、发现、评价和管理"，对于"元数据"的理解，不同领域科研人员有所差异，建议与"G54认识到元数据遵循一定标准，并按照学科规范将其应用于数据集，解读外部数据源的元数据"进行合并，以使表述更为明确具体。

"G61掌握数据质量评价的基本流程"，此处的"数据质量评价"应该突出强调数据应用时的质量评价。

"G62利用数据识别研究中的一般问题（如工作效率）或高级问题（如政策、环境、经济等）"指标本身以及各层面的表述明确性有待提高，"数据不一定能明确划分出历史、当前等阶段"，可以改为"分析、总结已有数据，提炼知识，发现问题，预测发展趋势"。

"G63掌握数据驱动决策的基本方法"，建议修改为"能够利用数据的分析结果支撑研究结论、预测未来研究方向"。

"G71掌握数据引用的基本原理和作用"中将"基本原理"改为"基本规范"。

"G71编写新的学术著作时，能够引用数据、文章、图书或其他相关资源"，建议修改为"在科学研究与创作过程中，能够正确引用相关数据资源"。

"G81通过口头或书面等方式进行有效的数据表达，展示研究论点、论据和结论"在"技能层面"和"态度层面"的表述有所混淆，"技能的重点应该是数据表达的工具、方法等"，建议调整两个层面的表述。

"G92掌握数据处理的安全措施"，有专家指出"数据处理中的安全措施主要还是以人为因素为主，病毒入侵和黑客攻击等外部因素可以单独考虑"。

"G101了解数据采集、使用和共享中的道德和伦理问题"中"技能层面"应该强调"保护个人隐私数据的能力，而不是保护个人隐私"。

"G102明确个人或机构的数据所有权和知识产权"中"技能层面""根据自己熟悉的知识产权方法描述数据的知识产权"建议修改为"利用多元的知识产权保护形式制定数据的知识产权保护策略"。

"G104意识到在科学研究和数据管理中，包含个人信息的数据应该受到更大程度的关注和监管"，建议修改为"包含个人隐私的数据应该受到更大程度的监管"。

"T31了解个人数据与团队数据的差异性"，建议修改为"掌握分析、评估个人数据与团队数据差异性的方法"。

"S11 了解数据生态的意义，具备维护数据生态健康良性发展的意识" 在"知识"和"技能"层面，加强对数据生态的明确描述。

"S31 认识到数据生态是一个动态平衡的过程，并具备自我调节能力"，建议修改为"认识到数据生态是一个动态平衡的过程，能够主动适应数据的动态变化和数据更新"。

另外，专家建议对整个指标体系中各指标能力的表述用语进行统一，如"了解""认识""掌握"等，将在第二轮指标体系中进行相应修订。

3）第一轮修改后的指标体系

根据第一轮专家评议的结果，综合考虑专家对指标"必要性"和"明确性"的判定以及专家的修改建议，我们对初步设计的"科学数据素养能力指标体系"进行了相应的修改，形成第二轮专家评议问卷，详见附录4。

3.4.4.3 第二轮专家评议结果分析

（1）数据分析方法

第二轮专家评议的数据分析方法与第一轮相同，详见（3.4.4.2 第一轮专家评议结果分析）。

（2）数据分析结果

1）"必要性"和"明确性"评议结果

第二轮各指标的"必要性"和"明确性"评议结果数据见表3-11。

由表3-11的分析结果可知：

在第二轮"必要性"专家评议中，对第一轮评议中未达成共识的12项指标，专家意见已全部达成共识，且"必要性"百分比均大于80%。

第一轮评议中"明确性"未满足要求的指标和其他修改过的指标共计35条，在第二轮的专家评议中，"明确性"均已达标，而且大多数指标的"明确性"比第一轮指标描述有明显提升。

2）第二轮专家修改意见

专家普遍认为与第一轮指标体系相比，经修改后的指标体系，其指标设置更为清晰合理，而且重要性和可操作性都有所增强。此外，专家对各二级指标的逻辑性提出了一些改进建议，如G12和G14，G23和G25，G33和G35，建议互换排列顺序，以使指标更好地反映数据操作的流程。

表3-11　指标的"必要性"和"明确性"评议结果（第二轮）

维度	一级指标	二级指标	"必要性"各选项所占百分比					众数	Q.D.	"必要性"是否达成共识	"必要性"判定（%）	"明确性"平均值	"明确性"是否满足要求
			5	4	3	2	1						
G	G1	G11								在第一轮评议中，专家已达成共识，是必备指标		4.5	是
		G12										4.4	是
		G13										4.2	是
		G14										4.6	是
		G21	81.0%	14.3%	4.8%	0	0	5	0	是	95.2%	4.3	是
		G22	76.2%	14.3%	4.8%	9.5%	0	5	0.5	是	90.5%	4.2	是
	G2	G23								该指标合并于G21			
		G24								在第一轮评议中，专家已达成共识，是必备指标		4.1	是
		G25										4.3	是
		G31								在第一轮评议中，专家已达成共识，是必备指标		第一轮已达标	是
	G3	G32	23.8%	76.2%	0	0	0	4	0.5	是	100%	4.3	是
		G33								在第一轮评议中，专家已达成共识，是必备指标		第一轮已达标	是
		G34								该指标合并于G32			
		G35								在第一轮评议中，专家已达成共识，是必备指标		4.3	是
		G41	81.0%	14.3%	4.8%	0	0	5	0	是	95.2%	4.1	是
	G4	G42								在第一轮评议中，专家已达成共识，是必备指标		4.5	是
		G43								该指标合并于G41			
		G44								在第一轮评议中，专家已达成共识，是必备指标		4.3	是

维度	一级指标	二级指标	"必要性"各选项所占百分比 5	4	3	2	1	众数	Q.D.	"必要性"是否达成共识	"必要性"比重	"明确性"平均值	"明确性"是否满足要求
G	G5	G51	23.8%	61.9%	14.3%	0	0	4	0.5	是	85.7%	4.1	是
		G52	14.3%	76.2%	9.5%	0	0	4	0	是	90.5%	4.2	是
		G53	23.8%	66.7%	14.3%	0	0	4	0.5	是	90.5%	4.1	是
		G54	该指标合并于G53										
	G6	G61	在第一轮评议中，专家已达成共识，是必备指标									4.2	是
		G62										4.1	是
		G63										4.1	是
	G7	G71										4.4	是
		G72										4.4	是
	G8	G81										4.1	是
		G82										第一轮已达标	第一轮已达标
	G9	G91											
		G92											
		G93											
	G10	G101	在第一轮评议中，专家已达成共识，是必备指标									4.1	是
		G102										4.4	是
		G103										4.2	是
		G104	23.8%	66.7%	9.5%	0	0	4	0.5	是	90.5%	4.3	是
		G105										4.1	是
T	T1	T11	在第一轮评议中，专家已达成共识，是必备指标									第一轮已达标	第一轮已达标
		T12											
	T2	T21											

续表

维度	一级指标	二级指标	"必要性"各选项所占百分比 5	4	3	2	1	众数	Q.D.	"必要性"是否达成共识 是必备指标	"必要性"比重	"明确性"平均值	"明确性"是否满足要求
T	T2	T22	在第一轮评议中，专家已达成共识，是必备指标									4.1	是
T	T3	T31	23.8%	71.4%	4.8%	0	0	4	0.5	是	95.2%	4.1	是
T	T3	T32										第一轮已达标	是
S	S1	S11	在第一轮评议中，专家已达成共识，是必备指标									4.2	是
S	S1	S12										第一轮已达标	是
S	S1	S13										4.1	是
S	S2	S21										4.4	是
S	S2	S22										4.1	是
S	S3	S31	19.0%	61.9%	19.0%	0	0	4	0	是	81.0%	4.1	是
S	S4	S41	在第一轮评议中，专家已达成共识，是必备指标									第一轮已达标	是
S	S5	S51											

注："必要性"选项的含义：5 非常必要；4 必要；3 一般；2 不太必要；1 不必要。

3.5 科学数据素养能力指标体系确立

经过两轮德尔菲专家评议，充分综合了各学科领域专家的智慧和经验，对指标体系进行了全面细致的修改。经指标删减、增加、合并、顺序调整，以及指标表述方式的修改，最终形成由3个维度、18个一级指标、47个二级指标共同构成的"科学数据素养能力指标体系"，见附录5，保证了指标体系的科学性、通用性、前瞻性和可操作性。

3.6 小结

本章从科学数据素养能力研究着手，通过对国外科学数据素养研究文献的调研与综述，将提取的能力要素进行深入分析，按照科学数据素养过程结构内涵进行聚类，初步确定了科研人员在科学数据生命周期各阶段应该具备的科学数据素养能力。由于所提取的能力要素与国外科研环境和实际应用领域有较强的依赖性，未能客观合理地体现我国科研人员的科学数据素养特性，因此通过对我国不同学科领域科研人员的科学数据管理与利用行为的调查访谈，进行科学数据素养本土化特征研究。经访谈发现，我国科研人员在科学数据利用与管理的过程中所体现的科学数据素养核心能力基本与国外保持一致，即包括基于整个科研流程和科学数据生命周期，从数据需求分析，到数据采集、处理、利用、保存，乃至数据出版和开放共享整个流程的科学数据相关操作能力。但也存在一定差异，比如我国科研人员在数据管理计划制定与实施、数据共享平台应用等方面与国外相比仍有较大差距，而对数据意识、数据安全、数据交流等方面的能力给予了特别关注。此外，随着科研团队合作与协作特征日益明显，个体在团队中的数据行为影响与交互越来越受到重视；同时，由于数据和学术彼此密不可分，且共存于知识基础设施的复杂生态系统中，研究者在数据生态环境中协作生产、责任共担、数据共享成为常态，数据的政策、实践规范、标准和基础设施也在更大范围内影响着数据行为，因此，个体在数据生态环境中的表现也成为数据时代不可或缺的基本素养。

　　基于科学数据素养的过程—目标结构内涵，依据指标体系的构建原则，结合所提取的能力要素，初步设计了指标体系。本书创新性地提出从"个人""团队""数据生态"3个维度全方位架构科学数据素养指标体系，每个维度都设有相应的数据素养能力要素，包含18个一级指标，51个二级指标；根据经典的教育目标分类理论，分别从"知识（认知层面）""技能（行为层面）""态度（情感层面）"3个方面对每一个二级指标进行了详细的表征与描述。为了充分体现指标体系的科学性与通用性，采用德尔菲专家咨询法，邀请了不同学科领域的23位专家对指标体系进行评议（实际收回21位专家的有效问卷），分别对指标的"必要性"和"明确性"做出判断，并提出针对具体指标的修改意见。经过两轮专家评议，综合专家意见，最终形成由3个维度、18个一级指标和47个二级指标共同构成的"科学数据素养能力指标体系"，为科学数据素养能力评价与教育方案设计提供了基础。

4 科学数据素养能力指标体系权重确定

上一章采用德尔菲方法对科学数据素养指标体系进行了两轮专家评议与分析研究，形成了针对科研人员科学数据素养的较为全面的能力指标体系。然而，作为一个完整的评价指标体系，除了需要具备科学的定性指标之外，还需要通过定量评价来反映被研究群体的科学数据素养水平，即确定各项指标在科学数据素养能力评价指标体系中的权重，这是本章研究的主要内容。

4.1 研究方法

4.1.1 确定权重的常用方法

"权重"是一个相对概念。针对某一指标而言，其权重是指该指标在整体评价体系中的相对重要程度。权重是要从若干评价指标中分出轻重来，一组评价指标相对应的权重组成了权重体系。

确定指标体系权重的方法可分为主观赋值法和客观赋值法两大类。主观赋值法，即计算权重的原始数据主要由评估者根据经验主观判断得到，如主观加权法、专家调查法、层次分析法、比较加权法、多元分析法和模糊统计法等。客观赋值法，即计算权重的原始数据由测评指标在被测评过程中的实际数据得到，如均方差法、主成分分析法、熵值法、CRITIC法等。这两类方法各有优缺点，主观赋值法客观性较差，但解释性强；在大多数情况下，客观赋值法确定的权重精度较高，但有时会与实际情况相悖，而且解释性较差，对所得到的结果难以给出明确解释。经分析，本书利用层次分析法进行指标权重确定。

4.1.2 层次分析法的基本步骤

层次分析法（The Analytical Hierarchy Process，AHP），是由美国运筹学家、匹兹堡大学萨迪（T. L. Saaty）教授于20世纪70年代初期提出的，后来逐步应用于资源分配、计划制定、政策分析、方案排序等广泛领域。AHP将价值和判断结合为一个逻辑整体，依赖于想象、经验和知识去构造问题所处的递阶层次，并根据逻辑、直觉和经验去给出判断（孙建军，2005，213）。因其简洁实用，目前已被运筹学界视为简单有效的多目标决策方法。

层次分析法大体分为四个基本步骤：

（1）建立层次结构模型

针对所研究的问题进行深入分析，将问题所包含的因素划分为不同的层次，如目标层、准则层、指标层、方案层、措施层等，用框图形式说明层次的递阶结构与因素的从属关系。

（2）构造判断矩阵

判断矩阵元素的值反映了人们对各因素相对重要性（或优劣、偏好、强度等）的认识，一般采用1—9及其倒数的标度方法，当相互比较因素的重要性能够用具有实际意义的比值说明时，判断矩阵相应元素的值则可以取这个比值。

（3）层次单排序及其一致性检验。由判断矩阵计算被比较元素对于该准则的相对权重，并计算其一致性。

（4）层次总排序及其一致性检验

计算各层元素对系统目标的合成权重，进行排序，并进行一致性检验。

层次分析法的基本步骤流程，如图4-1所示（查先进，2000）。

4.1.3 单一准则下元素相对权重的计算方法

4.1.3.1 层次中的排序——特征向量方法

对问题进行分析并建立相应层次结构模型后，问题即转化为层次中排序计算的问题。在排序计算中，每一层次中的排序又可简化为一系列两两指标的比较判断。整数 1 — 9 及其倒数的标度将判断定量化，形成比较判断矩阵；通过计算判断矩阵的最大特征值和它的特征向量，即可计算出某层次因素相对于上一层次中某一因素的相对重要性权值，这种排序计算称为层次单排序。每一个判断矩阵各因素针对目标层（最上层）的相对权重，即称为层次总排序，这一权重的计算采用从上而下的方法逐层合成（孙建军，2005，231—232）。

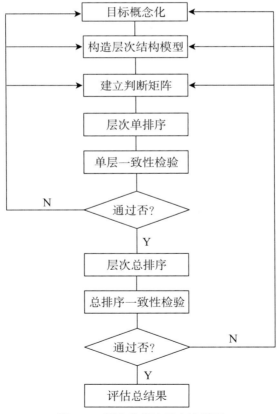

图 4-1 层次分析法基本流程图

下面通过简单的定性说明来分析层次排序的特征向量计算方法。假设有 n 个物体，它们的重量分别为 W_1，W_2，$\cdots W_n$，比较它们之间的重量，则得到它们之间两两比较的判断矩阵：

$$A=\begin{vmatrix} W_1/W_1 & W_1/W_2 & \cdots & W_1/W_n \\ W_2/W_1 & W_2/W_2 & \cdots & W_2/W_n \\ \cdots & \cdots & \cdots & \cdots \\ W_n/W_1 & W_n/W_2 & \cdots & W_n/W_n \end{vmatrix}=\left(a_{ij}\right)_{n\times n}$$

显然判断矩阵具有下述性质：

$$a_{ij}>0 \quad a_{ji}=1/a_{ij} \quad a_{ii}=1 \qquad （公式4-1）$$

用重量向量 $W=\left[W_1，W_2，\cdots，W_n\right]^T$ 右乘矩阵 A，其结果为：

$$AW=\begin{vmatrix} W_1/W_1 & W_1/W_2 & \cdots & W_1/W_n \\ W_2/W_1 & W_2/W_2 & \cdots & W_2/W_n \\ \cdots & \cdots & \cdots & \cdots \\ W_n/W_1 & W_n/W_2 & \cdots & W_n/W_n \end{vmatrix}\begin{vmatrix} W_1 \\ W_2 \\ \cdots \\ W_n \end{vmatrix}=\begin{vmatrix} nW_1 \\ nW_2 \\ \cdots \\ nW_n \end{vmatrix}=nW$$

从上式可知，以 n 个物体重量为分量的向量 W 是比较判断矩阵 A 的对应于 n 的特征向量。根据矩阵理论可知，n 为上述矩阵 A 唯一非零的，也是最大特征根，而 W 则为其所对应的特征向量。

如何求判断矩阵 A 的最大特征根 λ_{max} 及其特征向量 W，即找到满足 $AW=\lambda_{max}W$ 的向量。计算判断矩阵最大特征根及其对应的特征向量的方法有很多，如和积法、方根法、幂法等，这里简要介绍和积法，计算步骤如下：

（1）将判断矩阵每一列归一化

$$\bar{a}_{ij}=\frac{a_{ij}}{\sum_{k=1}^{n}a_{ij}}\ i,j=1,2,\cdots,n \qquad （公式4-2）$$

（2）每一列经归一化后的判断矩阵按行相加

$$\bar{W}_i=\sum_{j=1}^{n}\bar{a}_{ij}\quad i,j=1,2,\cdots,n \qquad （公式4-3）$$

（3）对向量 $\overline{W} = \begin{bmatrix} \overline{W}_1, & \overline{W}_2, & \cdots, & \overline{W}_n \end{bmatrix}^T$ 归一化

$$\overline{W}_i = \frac{W_i}{\sum_{j=1}^{n} \overline{W}_i} \quad i, j = 1, 2, \cdots, n \qquad \text{（公式4-4）}$$

所得到的 $W = \begin{bmatrix} W_1, & W_2, & \cdots, & W_n \end{bmatrix}^T$ 即为所求的特征向量。

（4）计算判断矩阵最大特征根 λ_{max}

$$\lambda_{max} = \sum_{i=1}^{n} \frac{(AW)_i}{nW_i} \qquad \text{（公式4-5）}$$

式中 $(AW)_i$ 表示 AW 的第 i 个元素。

4.1.3.2　一致性检验

在计算单准则下排序权重向量时，还必须进行一致性检验。具体步骤如下：

（1）计算一致性指标 $C.I.$（consistency index）

$$C.I. = \frac{\lambda_{max} - n}{n-1} \qquad \text{（公式4-6）}$$

（2）查找相应的平均随机一致性指标 $R.I.$（Random index）

表4-1给出了1—15阶正互反矩阵计算1000次得到的平均随机一致性指标。

表4-1　平均随机一致性指标

矩阵阶数	1	2	3	4	5	6	7	8
R.I.	0	0	0.52	0.89	1.12	1.26	1.36	1.41
矩阵阶数	9	10	11	12	13	14	15	
R.I.	1.46	1.49	1.52	1.54	1.56	1.58	1.59	

（3）计算一致性比例 $C.R.$（consistency ratio）

$$C.I. = \frac{C.I.}{R.I.} \qquad \text{（公式4-7）}$$

当 $C.R.<0.1$ 时，认为判断矩阵的一致性是可以接受的。当 $C.R. \geqslant 0.1$ 时应该对判断矩阵作适当修正。

4.1.3.3　各层元素对目标层的合成权重计算

各元素对于总目标的相对权重，特别是最底层中各方案对于目标的排序权重，即是"合成权重"。合成排序权重的计算要自上而下，将单准则下的权重进行合成，并逐层进行总的判断一致性检验。

递阶层次结构合成排序的具体过程为：

若上一层次 A 包含 n 个元素：A_1，A_2，…，A_n，其层次总排序权值分别为 a_1，a_2，…，a_m；下一层次 B 包含 m 个元素：B_1，B_2，…，B_m，它们对于元素 A_j 的层次排序权值分别为 B_{1j}，B_{2j}，…，B_{mj}（当 B_k 与 A_j 无关联时，$B_{kj}=0$），此时 B 层次总排序权值见表4-2。

表4-2　递阶层次结构的权重合成

| 层次 | A_1 | A_2 | … | A_n | B 层次的合成排序 |
	B_1	B_2	…	B_n	
B_1	B_{11}	B_{12}	…	B_{1n}	$\sum_{n=1}^{n} a_j b_1 j$
B_2	B_{21}	B_{22}	…	B_{2n}	$\sum_{n=1}^{n} a_j b_1 j$
…	…	…	…	…	…
B_m	B_{m1}	B_{m2}	…	B_{mn}	$\sum_{n=1}^{n} a_j b_m j$

其中 $a_j b_{ij}$ 就是元素 b_i 通过 A 层次元素 A_j 对于总目标的权重贡献，$\sum_{j=1}^{n} a_j b_{ij}$ 就是元素 b_i 相对于总目标的合成权重。

对于层次总排序也需要进行一致性检验，也是从上到下逐层进行的。如果 A_j 支配 B 层次某些元素通过两两比较所构成的判断矩阵的一致性指标为 $C.I._{\cdot j}$，相应的平均一致性指标 $R.I._{\cdot j}$，则 B 层次总排序随机一致性比率为：

$$C.R.=\frac{\sum_{j=1}^{n} a_j \times C.I._{\cdot j}}{\sum_{j=1}^{n} a_j \times R.I._{\cdot j}} \qquad （式4-8）$$

同样，当$C.R.<0.1$时，认为递阶层次结构在B层次水平上的所有判断具有整体的一致性。

4.2　层次分析法实施过程

4.2.1　建立层次结构

基于"科学数据素养能力指标体系"，建立递阶层次结构（图4-2）。

4.2.2　构造判断矩阵

判断矩阵表示针对上一层次某元素，本层次与之有关元素之间相互重要性的比较。在图4-2中，目标层与维度层有关联，可以构造判断矩阵如下（表4-3），其中，C_{gt}表示对于目标层而言，G与T两元素之间的相对重要性比较数值标度。

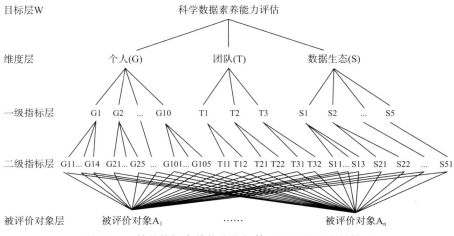

图4-2　"科学数据素养能力指标体系"递阶层次结构图

表4-3　判断矩阵表

W	G	T	S
G	C_{gg}	C_{gt}	C_{gs}
T	C_{tg}	C_{tt}	C_{ts}
S	C_{sg}	C_{st}	C_{ss}

两两比较矩阵中使用的重要性标度及其含义参见表4-4（杨良斌，2017）。

表4-4　重要性标度含义表

重要性标度	含义
1	表示两个元素相比，具有同等重要性
3	表示两个元素相比，前者比后者稍重要
5	表示两个元素相比，前者比后者明显重要
7	表示两个元素相比，前者比后者强烈重要
9	表示两个元素相比，前者比后者极端重要
2，4，6，8	表示上述判断的中间值
倒数值	若元素i与元素j的重要性之比为a_{ij}，则元素j与元素i的重要性之比为$a_{ji}=1/a_{ij}$

在第3章的第二轮德尔菲专家评议问卷中，设计了"目标—维度层（W—维度）"、"个人维度——级指标层（G—G'）"、"团队维度——级指标层（T—T'）"、"数据生态维度——级指标层（S—S'）"四个判断矩阵表，请专家对各指标重要性进行两两比较判断。

4.2.3　单层次排序及一致性检验

4.2.3.1　原始数据分析

将21位专家评议的判断矩阵中的数据进行统计分析，具体均值和方差见表4-5至表4-8。

表4-5 G—G'判断矩阵数据均值和方差

G	G1	G2	G3	G4	G5	G6	G7	G8	G9	G10
G1	1									
G2	N (3.948, 0.532)	1								
G3	N (3.122, 0.427)	N (0.498, 0.124)	1							
G4	N (0.501, 0.124)	N (0.201, 0.062)	N (0.251, 0.072)	1						
G5	N (0.982, 0.133)	N (0.248, 0.071)	N (0.308, 0.076)	N (3.012, 0.412)	1					
G6	N (0.331, 0.072)	N (0.201, 0.052)	N (0.251, 0.064)	N (1.012, 0.106)	N (0.308, 0.071)	1				
G7	N (0.254, 0.063)	N (0.142, 0.032)	N (0.165, 0.028)	N (0.334, 0.068)	N (0.251, 0.048)	N (0.331, 0.062)	1			
G8	N (0.329, 0.048)	N (0.168, 0.024)	N (0.208, 0.049)	N (0.496, 0.109)	N (0.331, 0.061)	N (0.506, 0.102)	N (2.016, 0.192	1		
G9	N (0.498, 0.102)	N (0.256, 0.058)	N (0.249, 0.032)	N (2.016, 0.252)	N (0.511, 0.101)	N (2.008, 0.124)	N (3.019, 0.211)	N (3.023, 0.232)	1、	
G10	N (0.251, 0.042)	N (0.146, 0.022)	N (0.165, 0.238)	N (0.336, 0.058)	N (0.256, 0.041)	N (0.339, 0.045)	N (1.026, 0.109)	N (0.504, 0.082)	N (0.328, 0.059)	1

注：G个人；G1数据意识；G2数据收集；G3数据分析；G4数据保存；G5数据管理；
　　G6数据评价；G7数据引用；G8数据交流；G9数据安全；G10数据伦理。

表4-6　T — T'判断矩阵数据均值和方差

T	T1	T2	T3
T1	1		
T2	N（0.332，0.041）	1	
T3	N（0.258，0.038）	N（0.496，0.49）	1

注：T团队；T1个人与团队成员之间的数据共享性；T2个人数据与团队目标数据的相容性与一致性；T3个人数据与团队目标数据的差异性与容错性。

表4-7　S — S'判断矩阵数据均值和方差

S	S1	S2	S3	S4	S5
S1	1				
S2	N（3.019，0.247）	1			
S3	N（0.509，0.067）	N（0.339，0.046）	1		
S4	N（0.503，0.048）	N（0.251，0.028）	N（1.009，0.071）	1	
S5	N（0.494，0.046）	N（0.249，0.029）	N（0.502，0.031）	N（0.992，0.064）	1

注：S数据生态；S1数据生态意识及数据文化；S2数据共享；S3数据生态动态平衡与调节；S4数据生态法规建设；S5数据教育与培训。

表4-8　"W — 维度"判断矩阵数据均值和方差

W	G	T	S
G	1		
T	N（0.25，0.021）	1	
S	N（0.167，0.0152）	N（0.502，0.0412）	1

注：W目标；G个人；T团队；S数据生态。

4.2.3.2　单层次权重计算

上节表格数据是对21位专家评议数据的统计，使用层次分析法需要量值为1，3，5，7，9（中间值为2，4，6，8），与之对称矩阵的量值是1/3，1/5，1/7，1/9（1/2，1/4，1/6，1/8）。因此将上面表格中的数据圆整到与层次分析法相对应的量值如表4-9 — 表4-12。

按照"4.1.3"所述的权重的计算方法，计算各指标权重，并进行一致性检验。

表4-9　G—G'判断矩阵及指标权重

G	G1	G2	G3	G4	G5	G6	G7	G8	G9	G10	权重
G1	1	1/4	1/3	2	1	3	4	3	2	4	0.107
G2	4	1	2	5	4	5	7	6	4	7	0.287
G3	3	1/2	1	4	3	4	6	5	4	6	0.212
G4	1/2	1/5	1/4	1	1/3	1	3	2	1/2	3	0.058
G5	1	1/4	1/3	3	1	3	4	3	2	4	0.112
G6	1/3	1/5	1/4	1	1/3	1	3	2	1/2	3	0.056
G7	1/4	1/7	1/6	1/3	1/4	1/3	1	1/2	1/3	1	0.026
G8	1/3	1/6	1/5	1/2	1/3	1/2	2	1	1/3	2	0.038
G9	1/2	1/4	1/4	2	1/2	2	3	3	1	3	0.078
G10	1/4	1/7	1/6	1/3	1/4	1/3	1	1/2	1/3	1	0.026

一致性检验：λ_{max}=10.3816，$C.I.$=0.0424，$C.R.$=0.0285<0.1

表4-10　T—T'判断矩阵及指标权重

T	T1	T2	T3	权重
T1	1	3	4	0.623
T2	1/3	1	2	0.239
T3	1/4	1/2	1	0.137

一致性检验：λ_{max}=3.0183，$C.I.$=0.0091，$C.R.$=0.0158<0.1

表4-11　S—S'判断矩阵及指标权重

S	S1	S2	S3	S4	S5	权重
S1	1	1/3	2	2	2	0.205
S2	3	1	3	4	4	0.450
S3	1/2	1/3	1	1	2	0.138
S4	1/2	1/4	1	1	1	0.110
S5	1/2	1/4	1/2	1	1	0.097

一致性检验：λ $_{max}$=5.082，C.I.=0.0205，C.R.=0.0183<0.1

表4-12　"W—维度"判断矩阵及维度权重

W	G	T	S	权重
G	1	4	6	0.700
T	1/4	1	2	0.194
S	1/6	1/2	1	0.107

一致性检验：λ $_{max}$=3.009，C.I.=0.0046，C.R.=0.0079<0.1

由以上分析可见，"目标—维度层（W—维度）"、"个人维度——一级指标层（G—G'）"、"团队维度——一级指标层（T—T'）"、"数据生态维度——一级指标层（S—S'）"四个判断矩阵都具有满意的一致性。

4.2.4　层次总排序

确定出上述各项具体指标的排序权重后，经数据处理，即得出表4-13所列的指标体系中各项评价指标的初始加权值。

表4-13　指标体系各项指标权重总排序

评价维度	初始加权值	评价指标	初始加权值
个人G	70	G1 数据意识	7.5
		G2 数据收集	20.1
		G3 数据分析	14.8
		G4 数据保存	4.1
		G5 数据管理	7.8
		G6 数据评价	3.9
		G7 数据引用	1.8
		G8 数据交流	2.7
		G9 数据安全	5.5
		G10 数据伦理	1.8

评价维度	初始加权值	评价指标	初始加权值
团队T	20	T1 个人与团队成员之间的数据共享性	12.5
		T2 个人数据与团队目标数据的相容性与一致性	4.8
		T3 个人数据与团队目标数据的差异性与容错性	2.7
数据生态S	10	S1 数据生态意识及数据文化	2.0
		S2 数据共享	4.5
		S3 数据生态动态平衡与调节	1.4
		S4 数据生态法规建设	1.1
		S5 数据教育与培训	1.0

由于二级指标是根据一级指标的内涵要求而进行的能力细分，而且每个二级指标在整个指标体系中所占的绝对比重不大，因此，在本书中，未对二级指标进行层次分析法权重分配，将在以后的研究中进一步探讨。

4.3 小结

本章采用简洁实用而且系统性较强的层次分析法进行指标权重的确定，基于21位学科领域专家对指标体系中3个维度和18个一级指标进行的重要性标度，经数据统计与分析，分别计算出指标层次单排序和总排序的权重值，从而完成了定性描述与定量评价相结合的科学数据素养能力指标体系，为开展全方位、针对性的科学数据素养能力调查实证研究提供了科学的评价标准和量化测评工具。

5 科学数据素养能力指标体系实证研究

科学数据素养能力指标体系为评价科学研究及相关领域人员的科学数据利用与管理能力提供了理论指导与框架。本章基于已构建的指标体系，进行实证调查与研究，针对科研群体，开展科学数据素养能力测评，了解我国科研人员的科学数据素养能力现状，通过指标体系在实际测评中的应用情况与反馈信息，进而检验所构建的科学数据素养能力指标体系的科学性与可行性。

5.1 科学数据素养能力现状调查问卷设计

5.1.1 设计目标

以构建的"科学数据素养能力指标体系"为基础，设计科学合理的测评工具——"科学数据素养能力现状调查问卷"，覆盖指标体系中三个维度的所有指标内容，保证问卷的完整性与有效性，以期全面掌握科研人员科学数据素养现状。

5.1.2 设计原则

问卷的设计，遵循以下几个原则：

（1）合理性与逻辑性：问卷内容与调查主题密切相关，题目设置严谨、逻辑性强，使答题者有整体感，利于表达真实情况。

（2）简洁性与明确性：问题指向清晰明确，避免歧义，每个题目只代

表一个调查指标，主题互不交叉、互不包含，而且题目尽量简短精练，不使用生僻专业术语，避免答题者因阅读题目时间较长而影响答题效果。

5.1.3 问卷形式

（1）问卷框架和主要内容

问卷由"卷首介绍"、受访者"基本信息"和"科学数据素养能力"3部分构成。"卷首介绍"简要介绍问卷调查的目的与意义、调查结果的用途等，并承诺调查的匿名性和数据的安全性，同时对"科学数据""科学数据素养""数据生态"的概念给予解释；受访者"基本信息"设置7个题目，涉及受访者性别、年龄、身份、职称、学科、从事科学研究的年限、所在机构性质；"科学数据素养能力"包括共47个题目，与指标体系中的47个能力指标一一对应。

问卷选用李克特五点量表进行设计，将"科学数据素养能力"调查题项的答案分为5个等级，"非常符合""比较符合""一般""比较不符合""非常不符合"。请受访者根据自身实际情况，选择题项中数据相关活动的能力描述与自己最贴切的选项。

（2）调查形式

采用网络调查平台"问卷星"（www.wjx.cn）进行问卷设计与回收，通过微信、邮件等形式发放问卷。

（3）调查对象

本书面向高等院校和科研机构的教师、学生、科研人员进行调查，保证人员身份的广泛性、学历的多元性和学科的全面性。

5.2 调查问卷的信度和效度

5.2.1 调查问卷的信度

调查问卷的可信度（亦称信度）是指问卷调查结果所具有的一致性

或稳定性的程度（张晓林，1995）。所谓一致性，是指同一调查项目结果的一致程度。较高的一致性意味着同一群体受访者接受关于同一项目的各种问卷所得到的各测量结果间显示出强烈的正相关；所谓稳定性则是指在前后不同的时间内，对相同受访者重复测量所得结果的相关程度，如果一群受访者在不同时空下接受同样的问卷调查时，结果的差异很小，则说明调查问卷具有较高的稳定性。

经SPSS数据分析，本书利用克隆巴赫系数（Cronbach's α）来检验问卷的同质信度。α系数如表5-1所示。问卷的总信度系数为0.980，表明信度很好；各个因素的信度系数均大于0.9，表明信度水平较高。从总体上看，"科学数据素养能力现状调查问卷"具有很好的信度，各题项之间有良好的一致性。

表5-1　"科学数据素养能力现状调查问卷"各因素和总体的信度系数

	个人	团队	数据生态	总分
α 系数	0.972	0.914	0.925	0.980

5.2.2　调查问卷的效度

调查问卷的有效度（亦称效度），通常是指测量结果的正确程度，即测量结果与试图测量的目标之间的接近程度。就调查问卷而言，有效度是指问卷能够在多大程度上反映它所测量的理论概念。

"科学数据素养能力现状调查问卷"中每个题项的公因子方差均大于0.5，每个因素的含义清楚，表明问卷具有良好的结构效度。

5.3　科学数据素养能力现状描述性分析

5.3.1　调查结果概况

问卷的发放与回收，将直接影响问卷调查的信度和效度（张晓林，

1995）。本次调查共发放542份问卷，收回542份，全部为有效问卷，回收率100%。网络调查和手机答题的方式，有效扩展了调查范围、提高了反馈效率，本次调查受访者分布在我国大部分地区的高校和科研机构，很好地保证了调查的普遍性和代表性。

5.3.2 数据分析方法

采用李克特五点量表，将答卷中"科学数据素养能力"中题项的答案赋予分值，"非常符合——计5分，比较符合——计4分，一般——计3分，比较不符合——计2分，非常不符合——计1分"。

在计算成绩时，一般采用原始分评定方法，即根据受访者的答题情况，结合科学数据素养能力指标体系各指标的权重，计算得到每一位受访者科学数据素养水平的原始分数，来反映受访者对各指标能力的掌握情况。

为了尽量较少题目设置难易程度的影响，更为直观地反映个体成绩在受访者总体中的位置，可以引进统计学中"标准分"的概念。标准分数表示一个原始分数在团体中偏离平均值几个标准差的位置，从而表明该分数在这组分数中的相对位置，又称基分数或Z分数。由数值和正负号两部分组成，数值表示原始分距离平均值的远近程度，正负号说明原始分是大于还是小于平均值（孙国耀等，2004）。Z分数准确地反映了一个分数在一组分数中的相对位置，计算公式为：

$$Z = (X_i - \bar{X}) \div S \qquad （公式5-1）$$

其中，Z=标准分，X_i=原始分，$\bar{X}$=平均分，S=标准差。

$$S = sqrt\left[\sum_{i=1}^{N}(X_i - \bar{X})^2 \div N\right] \qquad （公式5-2）$$

为了便于统计和比较，本书将标准分转化为百分位，即把最高分的标准分定为100，来确定其他标准分的百分位。经计算，受访者科学数据素养能力平均成绩的原始分和标准分对比情况，请见表5-2。

表5-2 受访者科学数据素养能力平均成绩原始分与标准分

受访者		平均成绩（分）	
		原始分	标准分
身份	教师或科研工作者	78.00	83.38
	博士研究生	76.62	81.84
	硕士研究生	75.17	80.65
	本科生	71.89	78.09
职称	正高	82.14	86.06
	副高	77.95	82.89
	中级	76.58	81.67
	初级	75.71	81.11
从事科研年限	>20年	81.63	85.65
	16—20年	80.00	84.53
	11—15年	77.70	82.66
	6—10年	78.98	83.57
	<5年	73.99	79.72
	未参与	71.29	77.64
学科	理学	78.19	83.02
	工学	76.25	81.88
	经济学	76.89	82.05
	文学	74.69	79.96
	管理学	75.76	81.15
	教育学	74.94	80.39
	医学	74.82	80.42
	农学	83.00	86.71
	哲学	67.00	74.45
	历史学	69.50	76.98
	法学	67.80	74.68
	艺术学	66.50	73.81
	军事学	78.43	83.06

经过对比分析，我们发现，在科学数据素养能力平均成绩评定中，标准分所反映的趋势与原始分基本一致，数量级相当，因此，本书采用原始分进行调查结果分析。在各维度能力状况分析中，采用受访者一级能力指标平均成绩占初始权重的百分比，来反映不同能力水平的差异。

5.3.3 调查对象的科学数据素养能力现状

5.3.3.1 受访者个人基本信息
对受访者个人信息数据进行统计，详见表5-3和图5-1至图5-5。

表5-3 受访者个人基本信息

信息	类别	数量（人）	百分比	信息	类别	数量（人）	百分比
性别	男	290	53.51%		工学	302	55.72%
	女	252	46.49%		管理学	84	15.50%
年龄	<18	1	0.18%		理学	69	12.73%
	18—22	62	11.44%		经济学	18	3.32%
	23—30	149	27.49%		文学	16	2.95%
	31—45	212	39.11%		教育学	16	2.95%
	46—60	115	21.22%		医学	11	2.03%
	>60	3	0.55%	学科	农学	8	1.48%
身份	教师或科研工作者	242	44.65%		军事学	7	1.29%
	博士生	39	7.20%		法学	5	0.92%
	硕士生	120	22.14%		哲学	2	0.37%
	本科生	88	16.24%		历史学	2	0.37%
	其他	53	9.78%		艺术学	2	0.37%

续表

信息	类别	数量（人）	百分比	信息	类别	数量（人）	百分比
职称	正高	79	14.58%	科研年限	<5年	184	33.95%
	副高	120	22.14%		6—10年	103	19.00%
	中级	126	23.25%		11—15年	64	11.81%
	初级	31	5.72%		16—20年	38	7.01%
	其他	186	34.32%		>20年	80	14.76%
机构性质	高等院校	341	62.92%		未参与	73	13.47%
	科研机构	83	15.31%				
	其他	118	21.77%				

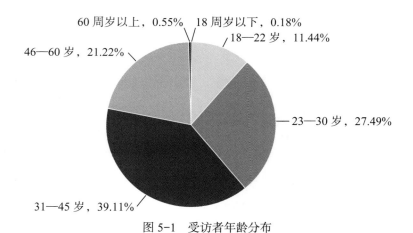

图 5-1　受访者年龄分布

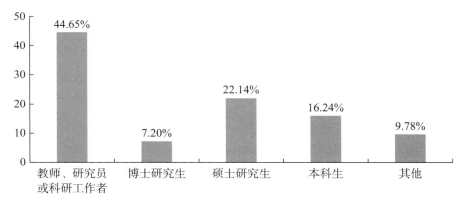

图 5-2　受访者身份构成

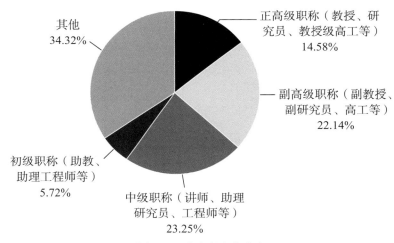

图 5-3　受访者职称分布

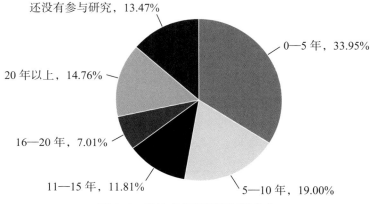

图 5-4　受访者从事研究年限分布

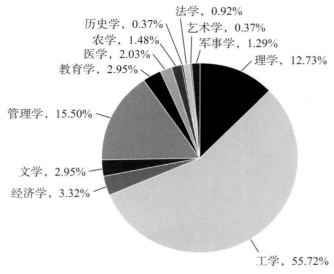

图 5-5　受访者学科类别

5.3.3.2　"个人"维度能力状况

表 5-4　所有受访者"个人"维度一级指标平均成绩与相对百分比

"个人"维度一级指标	平均成绩（分）	相对百分比
数据意识	6.57	87.60%
数据收集	16.01	79.60%
数据分析	10.97	74.10%
数据保存	3.01	73.50%
数据管理	5.55	71.10%
数据评价	2.85	73.00%
数据引用	1.40	77.60%
数据交流	1.99	73.90%
数据安全	3.74	68.00%
数据伦理	1.37	76.00%

由表 5-4 所示，所有受访者在"个人"维度的 10 个一级指标的相对百

分比中，"数据意识"最为突出，其次为"数据收集""数据引用""数据伦理"，而"数据安全"和"数据管理"方面的能力水平较低。

5.3.3.3　"团队"维度能力状况

表5-5　所有受访者"团队"维度一级指标平均成绩与相对百分比

团队一级指标	平均成绩（分）	相对百分比
个人与团队成员之间的数据共享性	0.82	81.80%
个人数据与团队目标数据的相容性与一致性	0.74	74.30%
个人数据与团队目标数据的差异性与容错性	0.73	72.90%

由表5-5所示，所有受访者在"团队"维度3个一级指标的相对百分比中，在"个人与团队成员之间的数据共享性"方面表现最好，而"个人数据与团队目标数据的差异性与容错性"方面有待提升。

5.3.3.4　"数据生态"维度能力状况

表5-6　所有受访者"数据生态"维度一级指标平均成绩和相对百分比

数据生态一级指标	平均成绩（分）	相对百分比
数据生态意识及数据文化	1.53	76.60%
数据共享	3.30	73.30%
数据生态动态平衡与调节	1.03	73.90%
数据生态法规	0.77	69.80%
数据教育与培训	0.75	75.00%

由表5-6所示，所有受访者在"数据生态"维度5个一级指标的相对百分比中，"数据生态意识及数据文化"最强，而"数据生态法规"方面的知识和技能相对缺乏，另外，大部分受访者对"数据教育与培训"给予较高程度的重视。

5.4 科学数据素养能力现状差异性分析

5.4.1 身份差异

（1）不同身份的受访者科学数据素养总体能力比较

表5-7 不同身份的受访者科学数据素养能力平均成绩

身份	平均成绩（分）
教师、研究员或科研工作者	78.00
博士研究生	76.62
硕士研究生	75.17
本科生	71.89

由表5-7所示，科学数据素养能力在不同身份人员中存在一定差异，教师、研究员和科研工作者群体的平均成绩最高，达78.00分；其次为博士研究生和硕士研究生，平均成绩分别76.62分和75.17分；相比而言，本科生的能力水平处于最低水平，平均分71.89。

（2）不同身份的受访者科学数据素养各一级指标能力比较

表5-8 不同身份受访者科学数据素养各一级指标平均成绩及相对百分比

一级指标	教师		博士生		硕士生		本科生	
	平均成绩	相对百分比	平均成绩	相对百分比	平均成绩	相对百分比	平均成绩	相对百分比
G1	6.79	90.50%	6.75	90.00%	6.38	85.10%	6.12	81.60%
G2	16.66	82.90%	16.34	81.30%	15.50	77.10%	14.69	73.10%
G3	11.23	75.90%	11.63	78.60%	10.61	71.70%	10.29	69.50%
G4	3.06	74.50%	3.02	73.70%	3.00	73.20%	2.84	69.30%
G5	5.65	72.40%	5.32	68.20%	5.49	70.40%	5.34	68.40%
G6	2.94	75.30%	2.83	72.50%	2.75	70.40%	2.71	69.40%
G7	1.44	80.20%	1.43	79.50%	1.36	75.50%	1.30	72.40%

一级指标	教师		博士生		硕士生		本科生	
	平均成绩	相对百分比	平均成绩	相对百分比	平均成绩	相对百分比	平均成绩	相对百分比
G8	2.09	77.20%	1.95	72.10%	1.94	71.70%	1.84	68.20%
G9	3.79	69.00%	3.53	64.10%	3.72	67.60%	3.61	65.60%
G10	1.41	78.30%	1.33	73.90%	1.36	75.70%	1.28	71.00%
T1	10.56	84.50%	10.00	80.00%	10.20	81.60%	9.53	76.30%
T2	3.59	74.80%	3.50	72.80%	3.63	75.60%	3.42	71.20%
T3	2.00	74.20%	1.87	69.20%	1.96	72.40%	1.88	69.70%
S1	1.55	77.70%	1.50	75.20%	1.52	75.80%	1.48	73.90%
S2	3.38	75.10%	3.29	73.10%	3.20	71.20%	3.14	69.90%
S3	1.05	74.70%	0.98	69.70%	1.03	73.30%	1.01	71.80%
S4	0.76	69.50%	0.72	65.60%	0.80	72.50%	0.74	66.80%
S5	0.75	74.90%	0.75	75.40%	0.77	77.00%	0.72	71.80%

表5-9 科学数据素养指标代码含义表

代码	含义
G1	数据意识
G2	数据收集
G3	数据分析
G4	数据保存
G5	数据管理
G6	数据评价
G7	数据引用
G8	数据交流
G9	数据安全
G10	数据伦理

续表

代码	含义
T1	个人与团队成员之间的数据共享性
T2	个人数据与团队目标数据的相容性与一致性
T3	个人数据与团队目标数据的差异性与容错性
S1	数据生态意识及数据文化
S2	数据共享
S3	数据生态动态平衡与调节
S4	数据生态法规建设
S5	数据教育与培训

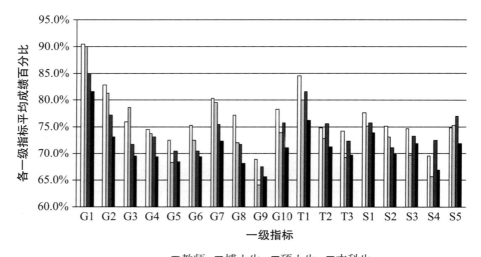

图 5-6　不同身份的受访者科学数据素养各一级指标平均成绩对比

由图 5-6 所示，总体而言，在科学数据素养的各个一级指标能力方面，教师和科研工作者的水平较为突出，除了个别指标情况例外，如"G3 数据分析"，博士研究生最高，"T2 个人数据与团队目标数据的相容性与一致性""S4 数据生态法规建设""S5 数据教育与培训"方面，硕士研究生较为领先。相比之下，本科生的科学数据素养能力有待大幅提升。

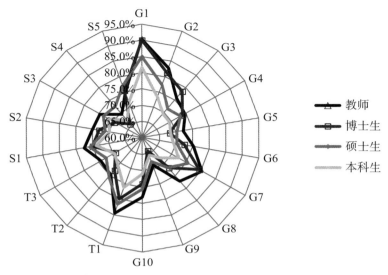

图 5-7　不同身份受访者科学数据素养各一级指标平均成绩对比雷达图

如图 5-7 所示，在所有的一级指标中，"G5 数据管理""G9 数据安全""T3 个人数据与团队目标数据的差异性与容错性""S4 数据生态法规建设"所包含的能力要素，是教师和学生总体水平都比较低的领域，需要着力加强培养。

5.4.2　职称差异

表 5-10　不同职称的受访者科学数据素养能力平均成绩

职称	正高	副高	中级	初级
平均成绩（分）	82.14	77.95	76.58	75.71

由图 5-8 所示，科学数据素养能力水平在不同职称的受访者中也呈现出较为显著的差异，正高职称群体的平均成绩最高，达 82.14 分，其次为副高，77.95 分，而中级和初级之间也存在一定差别。

5.4.3 从事科研年限的差异

表5-11 从事科研年限不同的受访者科学数据素养能力平均成绩

从事科学研究的年限	>20 年	16—20 年	11—15 年	5—10 年	<5 年	未参与
平均成绩（分）	81.63	80.00	77.70	78.98	73.99	71.29

由表5-11所示，科学数据素养能力水平与从事科研的年限基本成正相关，具有20年以上科研经历的群体，其平均成绩最高，达81.63分，未参与科研的群体，其平均成绩最低，为71.29分。

5.4.4 学科差异

表5-12 不同学科领域的受访者科学数据素养能力平均成绩

学科	理学	工学	经济学	文学	管理学	教育学	医学	农学	哲学	历史学	法学	艺术学	军事学
平均成绩	78.19	76.75	76.89	74.69	75.76	74.94	74.82	83.00	67.00	69.50	67.80	66.50	78.43

由表5-12所示，不同学科领域的受访者，其科学数据素养能力水平显示出一定的差异。农学最高，平均成绩达83分，军事学、理学、工学和经济学属于第二梯队，管理学、教育学、医学、文学属于第三梯队，相比之下，历史学、法学、哲学和艺术学则处于较低水平，平均成绩均小于70分。

经过对所有实证调查数据的统计与分析，基本了解了我国从事科学研究的群体整体科学数据素养能力水平以及不同属性群体之间的差异；同时也反映了科学数据素养能力受到学科数据基础设施建设、科学数据素养培养模式以及教师科学数据素养水平等因素的影响。

5.5　小结

在科学数据素养能力的实证研究中，本书设计了与"科学数据素养能力指标体系"相一致的量化调查问卷。通过对受访人员的答题选项进行提取，结合题项所对应的各指标权重，准确计算出衡量科学数据素养能力水平的定量分值，更为直观地测评并展现出个体的科学数据素养能力水平，便于描述性统计与对比性分析。通过对受访者整体情况和属性类别差异进行深入研究，全面了解不同学历、不同学科、不同职称等群体之间的科学数据素养能力状况，探寻科学数据素养的影响因素，验证了科学数据素养能力指标体系在实际应用中的合理性与可操作性。

本书通过对我国科研人员科学数据素养能力现状的调查与研究，发现科学数据素养能力在不同学科领域和不同身份群体之间存在一定差异，在高校与科研机构中，教师和科研人员普遍具有较好的个人数据能力与团队数据合作与协调能力，博硕士研究生在数据分析、处理等方面也表现出较为明显的优势，相比之下，本科生的科学数据素养能力有待着力培养和提升；数据管理与数据安全，是我国科研人员较为薄弱的能力环节；关于数据生态法规意识的培养，需要从国家层面给予重视。通过对能力现状的分析，探讨了科学数据素养的影响因素，认为需要从数据环境建设、培养模式变革、教师水平提升等方面积极推动科学数据素养教育事业发展。

6 科学数据素养能力指标体系应用建议与教育对策

科学数据素养能力指标体系，一方面为评估科学数据素养能力水平提供科学依据，同时也是在大数据时代，培养学生成为优秀科研人员的教育战略路线图，是引导学生在长期学习和科研发展中掌握所需的数据管理与利用技能的必备框架。指标体系的应用与落实，正是科学数据素养研究的出发点和归宿。本章分析了科学数据素养能力指标体系的应用方向，并基于我国科研人员科学数据素养能力现状，分析指标体系应用的现实环境，探讨如何采取有效的策略与途径，更好地培养和提升我国科研人员的科学数据素养能力。

6.1 科学数据素养能力指标体系的应用建议

6.1.1 科学数据素养教育评估

教育是提升科学数据素养能力的最佳途径，而教育的实践和成效都需要一定的标准进行指导和衡量。科学数据素养能力指标体系，正是从数据密集型科研时代个体所应该具备的数据能力出发，通过多维度的指标描述，综合反映具体能力要求与行为结果，具有良好的可测性，是进行教学和评价的有效工具。

一套完整的教育评估体系，应该贯穿于教育活动的全过程。本书构建了科学数据素养教育集成评估框架（图6-1），基于科学数据素养能力指标体系，分别从教育需求、教育效果、教育条件、教育方案等各方面进行科学数据素养教育评估，由教学管理部门、院系教师及图书馆员等多方参与主体达成共识，在评估设计、工具开发、数据收集、评估结果分析等各方面协同合作，通过有效地评估反馈来促进教育发展，各环节具体内容详见表6-1。

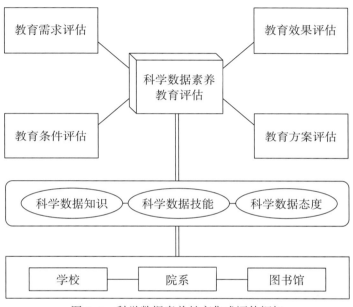

图 6-1　科学数据素养教育集成评估框架

表6-1　科学数据素养教育评估类型与内容

评估类型	评估内容	参与主体
教育需求评估	• 科学数据素养教育现状； • 学生的教育需求； • 培养目标、内容和方式； • 当前状况与必备条件	教学管理部门、院系教师、图书馆教员、学生
教育条件评估	• 教育目标与规划的有效性； • 硬件资源（设备、环境、工具等）； • 软件资源（师资、课程等）； • 经费	教学管理部门、人事部门、资产部门

续表

评估类型	评估内容	参与主体
教育方案评估	• 当前教育方案的运行状况； • 参与者角色； • 课程设置情况	院系教师、图书馆教员、教学管理部门
教育效果评估	• 教育目标实现情况； • 课程满意度； • 学生自评估	学生、院系教师、图书馆教员

依据科学数据素养能力指标体系，首先，学生可以评估自身的科学数据素养能力，了解自己在科学数据领域所缺乏的知识或技能，并按照指标体系的具体要求有针对性地提高相应的能力；其次，院系教师和图书馆员能够根据科学数据素养指标体系和评估模型，开发和设计适合不同层级学习者的科学数据素养教育项目；最后，学校教学管理部门通过了解学生的科学数据素养能力和教育需求，从而协调各方资源，支持图书馆等相关机构制订科学数据素养培养方案、开设课程或培训。

通过这种方式，无论是教育者还是学习者都能充分认识到科学数据素养在科学研究和教学过程中的重要性，并在此基础上开展教育，进而对学生的科学数据素养能力进行持续评估，形成大数据时代具备良好科学数据素养能力的科研创新人才培养体系。

6.1.2　科学数据素养教育内容设计

科学数据素养教育是提高个人数据素养的重要途径，然而，不同专业背景、不同学历层次的学习者具有的数据素养能力呈现多样化的特征，而且不同高校或科研机构的教学条件与教育设施也存在一定差异，应根据教育对象的具体需求和教育主体的实际情况，因地制宜地设计教育内容与培养模式。"科学数据素养能力指标体系"对每个指标进行了知识、技能和态度层面的细致描述，包括能力说明、行为方式、情境示例等，为科学数据素养教育内容设计提供了切实的指导。

在第3章指标体系构建过程的第二轮德尔菲专家评议调查中，请21位专家对每个指标的知识、技能和态度层面进行了相对重要性判定，经数据统计与分析处理后，形成集众专家判断意见的"科学数据素养指标体系'知识—技能—态度'重要性测度表"（表6-2），可供科学数据素养教学内容设计时做参考，在整个教育过程中有重点有步骤、循序渐进地实现科学数据素养能力培养。

表6-2　科学数据素养能力指标体系"知识—技能—态度"重要性测度表

指标维度	一级指标	二级指标	知识	技能	态度
G	G1	G11	1	2	3
		G12	2	1	3
	G1	G13	1	2	3
		G14	3	2	1
	G2	G21	2	3	1
		G22	1	3	2
		G23	1	3	2
		G24	2	3	1
	G3	G31	2	3	1
		G32	2	3	1
		G33	2	3	1
		G34	2	3	1
	G4	G41	3	2	1
		G42	2	3	1
		G43	2	3	1
	G5	G51	2	3	1
		G52	3	2	1
		G53	2	3	1
	G6	G61	2	3	1
		G62	1	3	2
		G63	2	3	1
	G7	G71	2	3	1
		G72	2	3	1

续表

指标维度	一级指标	二级指标	知识	技能	态度
G	G8	G81	3	2	1
		G82	2	3	1
	G9	G91	2	3	1
		G92	2	3	1
		G93	2	3	1
	G10	G101	1	3	2
		G102	2	1	3
		G103	1	2	3
	G10	G104	1	2	3
		G105	3	2	1
T	T1	T11	1	3	2
		T12	1	3	2
	T2	T21	2	3	1
		T22	2	3	1
	T3	T31	2	3	1
		T32	3	2	1
S	S1	S11	3	2	1
		S12	1	3	2
		S13	2	3	1
	S2	S21	3	2	1
		S22	3	2	1
	S3	S31	3	2	1
	S4	S41	2	3	1
	S5	S51	1	3	2

注：1.各指标代码含义参见"附录5科学数据素养能力指标体系"；

2."知识—技能—态度"重要性测度中，"3—最重要""2—重要""1—一般"。

只有将能力指标体系与教育内容有效地联结起来，并加以实质性的运用，才能真正达到教育效果，实现科学数据素养能力的提高，同时通过教育

实践也能够对指标体系起到调节和修正的作用，从而促进指标体系的完备性
与可操作性。

6.2 科学数据素养教育对策

经过之前的调查分析可知，我国科研人员的科学数据素养水平整体不
容乐观。大数据时代，对于科研人员来说，科学高效地管理数据、利用数
据并非易事。庞大的数据量和复杂的数据管理问题，使得科研人员面临严
峻的挑战，从数据的产生、收集，到分析、处理，乃至保存、发表与共享
等各个环节所涉及的数据问题，贯穿于项目启动、实施和结题的全过程，
科研人员的数据素养提升需求日益迫切，个人知识结构体系和技能储备面
临着巨大改变，急需相关的培训与指导。

然而，与国外相比，无论是对科学数据素养的重视程度，还是开展
科学数据素养教育的规模和条件，以及教育内容设计与教学效果评估
等各方面，我国都存在较为明显的差距，科学数据素养能力培养的深
度和广度都需要大力加强，以更好地应对大数据时代对人才能力提出
的挑战。因此，结合我国的现实环境和科研人员能力现状，对科学数
据素养教育的发展提出以下对策建议。

6.2.1 加强顶层设计与战略规划

科学数据素养教育需要从国家战略高度进行顶层设计与规划，促进教
育界与产业界多方协同，共同构建良好的科学数据素养教育生态系统。

（1）政府机构与行业组织加强支持与引领作用

只有使科研人员和社会大众充分认识到数据素养在科学研究与社会生
活中的重要价值和作用，才能形成科学数据素养教育的原动力。因此，应
该从国家层面弘扬数据文化，大力宣传数据素养理念；积极借鉴国外先进
的发展经验，通过统筹规划、政策引导、支持相关研究等方式，推动数据
开放共享与科学管理，政府和基金资助机构的高度重视和积极参与，能够

对科研人员的数据素养教育大环境形成很大的促进作用；建立数据治理机构，鼓励数据创新与创业。从国外数据素养研究成效来看，一些跨组织、跨区域的联盟或大型研究项目，对于科学数据素养这个新兴领域的发展起到了重要作用，能够有效带动多方联动、整体发展，实现优势互补、资源共享，值得我国参考借鉴（秦小燕等，2017）。我国国务院和相关部委已经出台多项政策，大力支持数据产业发展与人才培养，《促进大数据发展行动纲要》中明确指出要"加强专业人才培养。创新人才培养模式，建立健全多层次、多类型的大数据人才培养体系"（中国政府网，2015）。教育部鼓励有条件和优势的学校积极设立数据科学相关专业，全面部署并加强人才培养与队伍建设（中华人民共和国教育部，2017）。这些大好的政策环境，将不断推动我国科学数据素养教育的深入发展，为国家大数据战略的实施提供专业人才储备。

（2）高校和科研机构积极组织与拓展

高校和科研机构是人才培养的重要基地，承担着高素质人才输出的重任。行政支持对于科学数据素养教育的成功至关重要，为了应对数据时代发展对人才能力提出的挑战，高校应该采取积极措施，从校园数据文化建设着手，提升学校师生和各级管理人员对科学数据素养的认知；大力推动科研数据管理工作，全面组织科学数据素养教育实践，支持科学数据实验室建设与跨学科数据项目，将科研数据管理以及数据素养的课程内容列入本科生和研究生的教学培养计划中，面向师生和科研人员全面开展科学数据素养培训。

（3）图书馆和信息服务机构着力实践与保障

基于在信息素养领域深厚的研究底蕴和实践积累，图书馆和信息服务机构对数据素养的理解和应用有着独特的视角和基础，并且有条件也有能力在这一领域肩负起行业应有的职责。美国大学与研究图书馆协会在2012年的报告中指出，图书馆集资源、能力、服务经验为一体，是提供数据管理服务和开展数据素养培训的最佳主体，能够帮助研究人员应对数据驱动研究环境中的挑战。

图书馆通过长期以来所积累的跨部门、跨校园等沟通协作的经验和技能，提供有效的科研数据管理服务，了解研究人员的科研数据需求，支

持和推动图书、论文、数据等资源的开放获取和创新出版模式。在此基础
上，正在越来越多地提供数据管理与利用的咨询服务、开展数据素养教育
实践，在科学数据素养教育中发挥着重要的主体作用。

　　科研人员科学数据素养能力的提高是一个循序渐进的过程，科学数据
素养的教育和培养不可能一蹴而就，需要政府统筹规划、行业学协会政策
导向、学校和科研机构组织拓展、图书馆等教育主体长期、持续地提供教
学保障，形成整体规划和良性循环的培育环境。

6.2.2　明确教育目标定位

　　教育目标是科学数据素养教育的风向标，不同的目标定位对科学数据
素养能力的要求是不同的。本书基于我国教育现状与学科体系，构建了科
学数据素养分层教育目标模型（图6-2），清晰地展现了不同类型的数据
人才的培养目标与进阶过程。

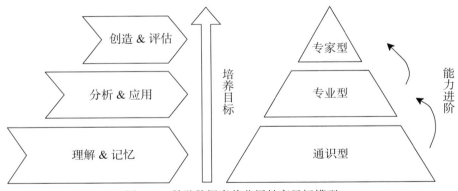

图 6-2　科学数据素养分层教育目标模型

　　"通识型"教育，也是对信息素养的拓展和深化，普及对"数据"这
种特定信息的认知，增强对数据的敏感性，认识到数据在科学研究与日常
生活工作中的重要价值，了解数据格式、类型等，具备基本的数据收集和
处理能力，逐渐培养将批判性思维贯穿于数据处理与应用的全过程。通识
层面的教育可以延伸到中小学阶段，尽管目前科学数据素养教育更多的关
注点在高等教育领域，但对青少年的数据素养培养也应该引起足够的重

视，从中学阶段甚至小学阶段，即开始培养对数据的理解、应用和表达能力，追求创造性使用数据的价值观与能力。

"专业型"教育，是对科学研究素养的提高和升华，能够解决专业学习和科学研究中的数据问题。专业型数据人才是科研创新的主力军，培养在特定学科领域中，掌握扎实的学科专业知识，能够在本领域的科研活动中，熟悉数据标准格式，熟练运用专业的数据分析工具和管理平台，并能够将科研数据成果推广应用，实现数据价值的再生。"专业型"教育对科学数据素养能力的要求更为具体和专业，与学科属性密切相关，如社会学注重数据的收集和统计分析能力，物理学注重数据的分析处理和计算能力，生物学则强调数据的采集、管理和存储能力，经济学强调数据分析与建模能力等。

"专家型"教育，强调对数据的创造性应用与评估能力，掌握数据密集型科学研究的基本方法与理论，能够从复杂、海量、多元的数据中挖掘价值，支撑决策。大数据时代，需要的数据人才包括：负责数据获取、加工、应用等全过程处理的数据技术人才；负责数据保存、管理、运营的数据管理人才；负责数据统计、评估、判断的数据分析人才；负责数据维护、隐私、加密的数据安全人才；负责政策、制度和法律研究的数据政策人才；负责数据共享、开放理念传播与平台建设的数据开放人才；拥有数据综合技能的复合型人才——数据科学家。这部分人才必然是少数掌握特殊数据技能的人才，通常拥有较强的专业背景和数据实战经验。"专家型"人才是社会发展重点领域急需的专门人才，其培养涉及数学、统计学、计算机科学、管理科学、人工智能等多个领域的知识和技能，培养过程较为复杂（秦小燕等，2017）。

科学数据素养教育，是大数据时代信息素养教育的升华和拓展，其精髓是弘扬科学精神与创新能力，以数据意识和技能培养为核心，通过"通识型""专业型""专家型"各级人才的培养，满足国家科研创新发展的全面需要。

6.2.3 构建全方位教育体系

目前就我国高校的科学数据素养教育现状而言，传统学科体系和人才培养模式已经很难适应社会发展的需要，必须从教育主体、教育内容、教育模式、教育平台各个方面进行重新布局与综合设计。

（1）打造实力雄厚的教育团队

师资水平是影响科学数据素养教育成效的关键。科学数据素养并非一项单一技能，其蕴含的知识背景和技能要求呈现出复合、多元、跨领域等特征。这些特征决定了高校的科学数据素养教育团队建设，"合作模式"成为新常态。学校要从整体上进行合理规划、科学布局，充分发挥数据管理与服务部门、科研管理部门、院系教师等各方的知识特长与技能积累，秉持"资源整合，优势互补"的组建原则，形成以图书馆数据馆员、学科专家、科研管理人员为主体的高校数据素养教育团队，针对不同群体的教育需求，加强沟通协作，发挥各自专长，共同配合完成教学任务设计和教学内容安排，实现教育的有效性和针对性。

（2）设计科学的教育内容与教育模式

近年来，虽然部分有条件的高校已经意识到科学数据素养的重要性，相继开设了科学数据素养教育相关课程，但由于缺乏明确的教育体系和模式，其课程设置单一，教学内容范围有限，仅仅是针对数据素养某一方面的特定技能进行培养，学生的科学数据素养得不到系统性提升，也直接影响到教育的整体优化和可持续发展。

科学数据素养教育，应该突破学历限制和传统知识灌输形式，强调以科研任务为驱动的教育模式。建立与科学数据素养内涵结构相适应、具有层次性并与相关学科建设融合互补的多体系课程群。美国大学与研究图书馆协会2015年发布的《高等教育信息素养框架》强调"信息素养与学术过程有机融合"的教育理念，同样启发科学数据素养教育设计，不仅需要考虑学习者个体的数据管理水平，更应该从研究团队整体出发，嵌入学术活动与科学研究全过程，围绕科学数据生命周期和科研工作流程，开展针对不同环节的教育与培训。根据所构建的"科学数据素养分层教育目标模型"，设置相应的教育内容，以及与之相适应的教育模式，详见表6-3，一方面便于分阶段渐进式提供教育培训，另一方面有利于不同层级的学习者根据自身情况选择适合的途径进行能力进阶。

表6-3　科学数据素养教育内容与模式

教育目标	教育内容	教育模式
通识型	数据生命周期、数据基本知识、数据工具与方法、数据政策与伦理	网页资源导航、选修课、专题讨论、在线课程等
专业型	数据分析、数据保存、数据管理、数据引用与再利用、数据表达	嵌入式教学、针对不同学科的专题培训
专家型	数据转换与互操作、数据评价、数据挖掘、数据共享	数据素养项目、数据管理培训实验室、校企联合实践基地

（3）依托科学数据管理平台

丰富优质的数据资源环境建设是提高科研人员数据素养能力的基本保障。随着学术交流环境和科研环境的变化，图书馆作为学校的科研教学支撑单位，面临着新的角色和任务挑战，提供科学数据管理和服务已成为大势所趋，这个系统性工程，需要与学校多个部门及相关人员协调配合，共同制定本校的数据提交政策、数据管理方案、数据长期保存规划等，明确阶段性和长期性科学数据管理计划，构建数据管理架构和基础设施，与科研人员共同探讨数据采集方案和评估流程，从而完成科学数据管理生命周期各阶段的所有任务，国外已有很多成功经验与实践案例，形成大量科学数据知识库和数据管理工具，值得我国科研人员参考借鉴。

科学数据管理平台的建设，一方面促进了图书馆数据馆员队伍的发展和数据管理与服务能力的提升；另一方面，能够以数据服务的形式渗透到师生和科研人员的科学数据素养教育中，从科学数据收集、组织，到数据存档与共享所涉及的一系列知识和技能都在科学数据管理实践过程中得到了不断的提升和学习应用。将科学数据素养教育嵌入科学数据管理过程中是理论与实践有机结合的最佳途径。

6.3　小结

本章剖析了科学数据素养能力指标体系的应用领域，通过构建科学数据素养教育评估框架，探讨了指标体系在教育评估中的作用；并且阐明指标体系在科学数据素养教育内容设计中的应用方向，指标内容以及各指标"知识—技能—态度"的重要性测度，为教学课程设计与教学方法选择提供了一定的指导作用。

基于实证调查结果，结合我国教育现状，本章探讨了改进科学数据素养教育的有效策略与途径，从加强顶层设计与战略规划、明确教育目标定位、构建全方位教育目标体系三个方面阐述了促进科学数据素养教育发展的具体措施。

7 结论与展望

本书结合信息素养理论、科学数据生命周期理论、教育目标分类理论等相关理论基础，提出了数据密集型科研时代下，科学数据素养的内涵意义与能力构成；通过对国内外科学数据素养研究的深入调研与剖析，结合对我国科研人员的调查访谈，开展了科学数据素养能力的本土化特征研究，从而构建了适合我国国情和时代特征的科学数据素养能力指标体系，并经多轮专家评议，对指标体系进行了科学的修正与定稿。基于该指标体系，本书面向科研人员开展实证调查，全面了解了我国科研人员的科学数据素养能力现状，针对现实环境，提出了培养和提升科学数据素养能力的策略与途径。

7.1 主要结论

本书通过一系列理论分析、实地访谈、专家咨询、实证调查等研究工作，取得了以下主要结论：

第一，通过系统梳理国内外科学数据素养研究现状与实践进展，本书认为，随着大数据时代的发展与科学数据开放获取运动的兴起，科学数据素养成为国内外科研机构和信息情报机构的研究热点，相关理论和实践呈现上升趋势。然而，业界对科学数据素养的概念尚无定论，对于科学数据素养能力指标体系，缺乏一个具备通用性、系统性的整体参考框架。

第二，由于时代背景、学术传承与研究视角的差异，数据素养对于不同的利益相关者和研究主体意味着不同的内涵和意义。"科学数据素养"

强调对"科学数据"的理解、利用和管理能力，具体指"在科学研究过程中，科研人员作为数据的生产者、使用者和管理者，收集、处理、管理、评价和利用数据进行科学研究所涉及的思维、知识和技能，以及在数据生命周期中普遍遵循的伦理道德与行为规范"。其起源与信息素养、数字素养、科学素养和统计素养有着密切联系，也存在根本区别。科学数据素养内涵有其内在的结构体系，一方面是以科研工作流程和科学数据生命周期为基础的过程结构；另一方面是以大数据环境下对科研人员数据文化、数据意识、数据知识、数据技能、数据伦理要求为基础的目标结构，将二者有效联结而形成的"过程—目标"内涵结构是构建科学数据素养能力指标体系的理论基础。

第三，科学数据素养能力指标体系反映了数据密集型科研时代下，从事科学研究的相关人员应该具备的数据利用与管理能力。我国科研人员在科学数据利用与管理的过程中所表现的科学数据素养核心能力基本与国外保持一致，但也存在一定差异，比如在数据管理计划制定与实施、数据共享平台应用等方面与国外相比仍有较大差距，而对数据意识、数据安全、数据交流等方面的认知和能力较为突出，这些都为构建符合我国国情的科学数据素养能力指标体系提供了基础。科学数据素养能力指标体系的构建需遵循科学性与导向性、可操作性、独立性与灵活性、前瞻性与可持续性原则。现代科研的团队合作与协作特征日益明显，而且数据和学术彼此密不可分，共存于知识基础设施的复杂生态系统中。因此，在架构指标体系维度时，不仅要考虑以个人数据管理和利用为核心的能力，同时要将个人在科研团队与数据生态中的能力构成纳入其中，以全面反映大数据时代个体的科学数据素养能力。在国外新兴素养理念的启发下，基于教育目标分类理论，本书分别从"知识""技能""态度"三个层面对各指标进行详细表征与描述，体现了在新的科学研究和高等教育范式中，科学数据素养在注重技能培养的同时，更加强调理念提升。经学科专家评议与论证，本书形成了定性描述与定量评价相结合的指标体系，保证了指标体系的科学性、通用性、前瞻性和可操作性。

第四，基于科学数据素养能力指标体系的实证调查结果显示，我国科研人员的科学数据素养能力普遍有待提升。总体而言，数据意识、数据收集、数据引用、数据伦理以及个人与团队成员数据共享的能力较强，而数据管理、数据安全、数据生态法规意识能力较低。科学数据素养能力也受到学历、职称、从事科研年限等因素的影响，教师或科研工作者、正高级职称，以及从事科研时限较长的科研群体的平均水平较为突出，而本科生和未参与科研的群体平均水平明显偏低。在不同的学科领域中，农学、军事学、理学、工学和经济学科研群体平均成绩较高，相比之下，历史学、法学、哲学和艺术学则处于较低水平。由此可见，科学数据素养能力受到数据环境建设、教育培养模式、学科研究特性等多重因素的影响。

第五，科学数据素养能力指标体系在科学数据素养教育评估、教育内容设计等方面具有良好的应用前景。我国的科学数据素养教育，需要加强顶层设计与战略规划，充分发挥政府和行业组织的支持引领作用，宣传理念、制定政策，高等院校和科研机构积极组织、大力拓展，形成以图书馆等数据管理和服务机构为主体的教育实践保障体系，围绕"通识型—专业型—专家型"人才培养结构与教育目标，组建师资团队，设计教育内容，优化教育模式，全面提升我国科研人员的科学数据素养能力，为大数据时代的科研创新人才培养提供支撑。

7.2 研究创新

数据密集型科研范式的兴起、数据开放政策的发展，以及学术交流模式的变迁，推动了对科研人员数据管理与利用行为与能力的研究。科学数据素养是一个新兴的研究领域，在理论基础、实践框架、应用形态等方面仍然处于探索和发展阶段。本书对科学数据素养能力指标体系的构建与实证进行了深入而系统的研究，创新点主要表现在以下三个方面：

第一，构建了科学数据素养内涵的"过程—目标"结构体系。在对科学数据素养的源起、内涵与发展进行了逻辑思辨与学理分析的基础上，提出了科学数据素养内涵的"过程—目标"结构体系，将科学数据素养教育目标和具体实现路径有机联结，丰富了科学数据素养的理论基础与研究内容。

第二，提出了以"个人""团队""数据生态"三个维度构建科学数据素养能力指标体系的方法。包含18个一级指标和47个二级指标，并对每个二级指标从"知识（认知层面）""技能（行为层面）""态度（情感层面）"三个层面进行详细描述，并确定了指标权重，全面表征新型科研范式下科学数据素养能力的具体要求。指标体系呈现多维立体结构，既有纵向的类属维度和能力域层级划分，又有横向的具体能力要素分解。这种结构使指标体系在指导科学数据素养能力评价、相关课程开发与教育实践等方面具有很强的实用性和可操作性，为科研人员数据素养能力评价提供理论框架与行为指导，推动科学数据素养理论研究的实质性进展。

第三，构建了科学数据素养分层教育目标模型。将教育对象分为"通识型""专业型""专家型"三个层级，围绕每个层级的能力要求和培养目标，突破学历限制和传统知识灌输形式，强调以科研任务为驱动，设计相应的教育内容与科学有效的培养模式。同时，建议加强基于能力指标体系的教育需求评估与教育效果评估，促进科学数据素养教育良性发展。

7.3 研究不足与展望

本书对科学数据素养能力指标体系开展了较为系统、深入的研究，对相关概念基础、体系框架、指标内容、应用领域等进行了积极探索，但由于客观研究条件、个人研究能力的影响与限制，本书还存在诸多不足，在今后的研究中将从以下几方面着重拓展与补充：

第一，本书设计的出发点是构建学科通用型指标体系。而对于不同的学科，其数据的范围、类型、格式和标准各不相同，即使在宏观范围内的同一领域，或者在单个科研团队或实验室小组的微观领域内，不同的研究目的和研究类型所创建或利用的数据集属性也各不相同。因此，为了更有针对性地评价具体学科领域的科学数据素养能力水平，需要进一步加强针对特定学科属性的科学数据素养指标体系构建。

第二，指标内容仍有不完善之处。指标体系不仅要满足当前教育现状，而且应具备前瞻性。随着数据环境的发展和信息技术的进步，科学数据素养能力的范围和性质也将得到拓展和改变，随着人们认识的变化，应该对指标体系进行定期评估和调整，以适应数据时代变化对科学数据素养能力要求的变迁。

第三，进一步加强实证研究，验证指标体系的科学性和实用性。因研究时间所限，本书只针对指标体系进行了一定范围群体的科学数据素养能力调查研究，而未能将指标体系应用于实际的科学数据素养教育中，缺乏通过教育成效的评估和对比来验证指标体系的科学性和实用性。

参考文献

一、中文文献

1. CODATA 中国全国委员会. 大数据时代的科研活动[M]. 北京:科学出版社,2014.

2. HEY T，TANSLEY S，TOLLE K. 第四范式:数据密集型科学发现[M]. 潘教峰,张晓林,译. 北京:科学出版社,2012.

3. 北京大学图书馆. 一小时讲座[EB/OL]. [2017-11-11]. http://www.lib.pku.edu.cn/portal/cn/fw/yixiaoshijiangzuo/ziyuanchazhao.

4. 布鲁姆. 教育目标分类学,第一分册:认知领域,[M]. 罗黎辉,等译. 上海:华东师范大学出版社,1986.

5. 测绘科学数据共享服务网[EB/OL]. [2015-03-22]. http://sms.webmap.cn/.

6. 陈娜萍. 初中生数据素养评价指标与试题[J]. 初中数学教与学,2013(14):5-7.

7. 崔雁. 科学数据开放中数据中心政策分析与建议[J]. 图书情报工作,2016,60(08):73-78.

8. 大数据生态[EB/OL]. [2017-12-10]. https://baike.baidu.com/item/大数据生态/18710376.

9. 邓李君,杨文建. 个体数据素养评价体系及相关指标内涵研究进展[J]. 图书情报工作,2017,61(3):140-147.

10. 邓小昭,邬晓鸥,韩毅. 论信息化指标体系研究中的几个理论问题——兼评《国家信息化指标构成方案》[J]. 情报学报,2003,22(1):96-102.

11. 哈罗,辛普森. 教育目标分类学,第三分册:动作技能领域[M]. 上海:华东师范大学出版社,1989.

12. 韩静娴,赵曼娟. 信息素养教育理论与实践. 广州:世界图书广东出版公司.

2014.10:1.

13. 何蕾. 国际图联数字素养宣言[J]. 图书馆论坛,2017,37（11）:1-4.

14. 胡卉,吴鸣,陈秀娟. 英美高校图书馆数据素养教育研究[J]. 图书与情报,2016（1）:62-69.

15. 胡卉,吴鸣. 面向不同参与主体的国内外数据素养教育现状研究[J]. 数字图书馆论坛,2016（9）:61-67.

16. 胡卉,吴鸣. 嵌入科研工作流与数据生命周期的数据素养能力研究[J]. 图书与情报,2016（4）:125-137.

17. 黄如花,李白杨. 数据素养教育:大数据时代信息素养教育的拓展[J]. 图书情报知识,2016（01）:21-29.

18. 金兼斌. 财经记者与数据素养[J]. 新闻与写作,2013（10）:5-9.

19. 科学数据共享工程技术标准SDS/T 1003.2—2004. 科学数据共享概念与术语[S/OL]. [2017-03-11]. http://www.sciencedata.cn/pdf/2.pdf.

20. 克拉斯沃尔. 教育目标分类学,第二分册:情感领域[M]. 上海:华东师范大学出版社,1989.

21. 李红. 高校本科生的数据素养指标体系构建[D]. 重庆:西南大学,2016.

22. 李俊. 论统计素养的培养[J]. 浙江教育学院学报,2009（1）:10-16.

23. 李立睿,邓仲华. "互联网+"视角下面向科学大数据的数据素养教育研究[J]. 图书馆,2016（11）:92-96.

24. 李楣. 研究生数据素养评价量表构建及应用研究[D]. 苏州:江苏大学,2017.

25. 凌晓良,LEE B,张洁,等. 澳大利亚南极科学数据管理综述[J]. 地球科学进展,2007（5）:532-539.

26. 刘晶晶,顾立平. 数据期刊的政策调研与分析——以Scientific Data为例[J]. 中国科技期刊研究,2015,26（4）:331-339.

27. 刘细文,熊瑞. 国外科学数据开放获取政策特点分析[J]. 情报理论与实践,2009,32（9）:5-9,18.

28. 刘霞. 高校科学数据管理与实证研究[M]. 武汉:武汉理工大学出版社,2013.

29. 隆茜. 数据素养能力指标体系构建及高校师生数据素养能力现状调查与分析[J]. 图书馆,2015（12）:51-56,62.

30. 马费成,望俊成. 信息生命周期研究述评（Ⅰ）——价值视角[J]. 情报学报,2010

（5）:939-947.

31. 马费成,夏永红. 网络信息的生命周期实证研究[J]. 情报理论与实践,2009,32（6）:1-7.

32. 孟祥保,李爱国. 国外高校图书馆科学数据素养教育研究[J]. 大学图书馆学报,2014,32（3）:11-16.

33. 缪其浩. 大数据时代:趋势和对策[J]. 科学,2013,65（4）:25-28,4.

34. 农业科学数据共享中心简介[EB/OL]. [2015-01-15]. http://www.agridata.cn/homepage/ch_intro.asp.

35. 皮介郑. 信息素质理论与教育研究[D]. 北京:中国科学院研究生院（文献情报中心）,2003.

36. 钱鹏. 高校科学数据管理研究[D]. 南京:南京大学,2012.

37. 秦殿启,张玉玮. 三层面信息素养理论的建构与实践[J]. 情报理论与实践,2017,40（6）:13-17.

38. 秦健. 数字图书馆向开放数字仓储的转变:对图书馆数字学术服务的新要求[R]. 第十四届数字图书馆前沿问题高级研讨会（ADLS2017）,2017.

39. 秦小燕,初景利. 国外数据科学家能力体系研究现状与启示[J]. 图书情报工作,2017,61（20）:1-10.

40. 秦小燕. 美国高校信息素养标准的改进与启示——ACRL《高等教育信息素养框架》解读[J]. 图书情报工作,2015,59（19）:139-144.

41. 邱璇,丁韧. 高校学生信息素养评价指标体系构建及启示[J]. 图书情报知识. 2009（6）:75-80.

42. 上海交通大学图书馆. 讲座与培训[EB/OL]. [2017-11-11]. http://www.lib.sjtu.edu.cn/index.php?m=content&c=index&a=lists&catid=147.

43. 沈婷婷. 数据素养及其对科学数据管理的影响[J]. 图书馆论坛,2015,35（1）:68-73.

44. 宋化民,肖佑恩. 科学技术统计学[M]. 北京:中国石化出版社,1990:117-176.

45. 孙国耀,黄遒本. 用标准分评定考试成绩[J]. 中山大学学报论丛,2004（5）:13-15.

46. 孙建军. 定量分析方法[M]. 南京:南京大学出版社,2005.

47. 孙九林,黄鼎成,李晓波. 我国科技数据管理和共享服务的新进展[J]. 世界科技研究与发展,2002(5):15-19.

48. 孙振球,徐勇勇. 医学统计学[M]. 北京:人民卫生出版社,2002.

49. 涂子沛. 大数据[M]. 第4版. 桂林:广西师范大学出版社,2015.

50. 王维佳,曹树金,廖昀赟. 数据素养能力评价与大学图书馆数据素养教育的思考[J]. 图书馆杂志,2016,35(8):96-102.

51. 王学勤,STOUT A,SILVER H. 建立数据驱动的e-Science图书馆服务:机遇和挑战[J]. 图书情报工作,2011,55(13):80-83.

52. 王佑镁,杨晓兰,胡玮,等. 从数字素养到数字能力:概念流变、构成要素与整合模型[J]. 远程教育杂志,2013,31(3):24-29.

53. 项华. 论物理教育中数据素养的培养[J]. 中国现代教育装备,2011(4):84-85.

54. 徐刘靖,沈婷婷. 高校图书馆员数据素养内涵及培养机制研究[J]. 图书馆建设,2016(5):89-94.

55. 杨良斌. 信息分析方法与实践[M]. 长春:东北师范大学出版社,2017.

56. 曾晓牧. 高校信息素质能力指标体系研究[D]. 北京:清华大学,2005.

57. 查先进. 信息分析与预测[M]. 武汉:武汉大学出版社,2000.

58. 张进良,李保臻. 大数据背景下教师数据素养的内涵、价值与发展路径[J]. 电化教育究,2015,36(07):14-19,34.

59. 张静波. 大数据时代的数据素养教育[J]. 科学,2013,65(4):29-32,4.

60. 张晓林. 颠覆性变革与后图书馆时代——推动知识服务的供给侧结构性改革[J/OL]. [2018-01-18]. https://doi.org/10.13530/j.cnki.jlis.180001.

61. 张晓林. 信息管理学研究方法[M]. 成都:四川大学出版社,1995.

62. 张晓阳,李楣. 基于胜任特征的研究生数据素养能力测评量表研究[J]. 图书情报工作,2017,61(8):89-95.

63. 中国国家标准化管理委员会. 中华人民共和国国家标准公告[EB/OL]. [2017-12-30]. http://www.sac.gov.cn/gzfw/ggcx/gjbzgg/201732/.

64. 中国人民大学图书馆[EB/OL]. [2017-11-11]. http://www.lib.ruc.edu.cn/webs/show/notice/86/760.html.

65. 中国政府网. 国务院关于印发促进大数据发展行动纲要的通知:国发(2015)50号[EB/OL]. [2016-04-16]. http://www.gov.cn/zhengce/content/2015-09/05/content_10137.htm.

66. 中国政府网. 国务院办公厅关于印发科学数据管理办法的通知:国办发〔2018〕17号[EB/OL]. [2018-04-03]. http://www.gov.cn/zhengce/content/2018-04/02/content_5279272.htm.

67. 中华人民共和国国家质量监督检验检疫总局. 信息技术元数据注册系统（MDR）第1部分:框架. GB/T 18391.1—2009[S]. 北京:中国标准出版社,2009.

68. 中华人民共和国教育部. 教育部关于公布2016年度普通高等学校本科专业备案和审批结果的通知[A/OL]. [2017-04-20]. http://www.moe.edu.cn/srcsite/A08/moe_1034/s4930/201703/t20170317_299960.html.

69. 中华人民共和国教育部. 全日制义务教育数据课程标准:实验稿[M]. 北京:北京师范大学出版社,2001.

70. 朱晓峰. 生命周期方法论[J]. 科学学研究,2004（6）:566-571.

二、英文文献

1. ABBOTT B P，ABBOTT R，ABBOTT T D，et al. Observation of gravitational waves from a binary black hole merger[J]. Physical review letters,2016,116（6）:061102.

2. ACRL research planning and review committee. Top ten trends in academic libraries:a review of the trends and issues affecting academic libraries in higher education[J]. College and research libraries news,2014,75（6）:294-302.

3. ALA. Presidential committee on information literacy:final report[EB/OL]. [2015-03-06]. http://www.ala.org/acrl/publications/whitepapers/presidential.

4. ANDERSON L W，KRATHWOHL D R. A Taxonomy teaching，and assessing-a revision of bloom's taxonomy of educational objectives[M]. New York，NY:Longman,2001.

5. ANDRETTA S，POPE A，WALTON G. Information literacy education in the UK[J]. Communications in information literacy,2008,2（1）:36-51.

6. Association of College and Research Libraries. Framework for information literacy for higher education[R/OL]. [2015-08-10]. http://www.ala.org/acrl/standards/ilframework.

7. Association of College and Research Libraries. Information literacy competency standards for higher education[R/OL]. [2017-02-01]. http://www.ala.org/acrl/sites/ala.org.acrl/files/content/standards/standards.pdf.

8. Association of College and Research Libraries. Top trends in academic libraries[R/OL]. [2016-04-01]. http://crln.acrl.org/content/75/6/294.full.pdf+html.

9. Association of College and Research Libraries. Working group on intersections of scholarly communication and information literacy. intersections of scholarly communication and information literacy: creating strategic collaborations for a changing academic environment[EB/OL]. [2015-09-15]. http://www.ala.org/acrl/sites/ala.org.acrl/files/content/publications/whitepapers/Intersections.pdf.

10. Australian Bureau of Statistics. What is statistical literacy and why is it important to be statistically literate?[J/OL]. [2015-11-20]. http://www.abs.gov.au/AUSSTATS/abs@.nsf/Lookup/1307.6Feature+Article1Mar+2009.

11. Australian National University Library. Research data management[EB/OL]. [2017-11-10]. http://libguides.anu.edu.au/datamanagement.

12. BEHRENS S J. A Conceptual analysis and historical overview of information literacy[J]. College & research libraries 1994, 55 (4), 309–322.

13. BORGMAN C L, WALLIS J C, ENYEDY N. Little science confronts the data deluge: habitat ecology, embedded sensor networks, and digital libraries[J]. International Journal on Digital Libraries, 2007, 7 (1/2): 17–30.

14. BOYD D, CRAWFORD K. Critical questions for big data: provocations for a cultural, technological, and scholarly phenomenon[J]. Information, communication & society, 2012, 15 (5): 662–679.

15. BROWN B B. Delphi process: a methodology used for the elicitation of opinions of experts[R/OL]. [2016-05-04]. ttps://www.rand.org/content/dam/rand/pubs/papers/2006/P3925.pdf.

16. BUNDY A. Australian and New Zealand information literacy framework: principles, standards and practice[M]. 2nd ed. ADELAIDE SA, Australia: Australian and New Zealand Institute for Information Literacy, 2004.

17. Cambridge University Library. Data train[EB/OL]. [2015-11-04]. http://www.lib.cam.ac.uk/ preservation/dataTrain/.

18. CARLSON J, BRACKE M S. Planting the seeds for data literacy: lessons learned from a student-centered education program[J]. International journal of digital curation, 2015, 10 (1): 95–110.

19. CARLSON J，FOSMIRE M，MILLER C C，et al. Determining data information literacy needs：a study of students and research faculty [J]. Libraries and the academy,2011, 11（2）:629−657.

20. CARLSON J，JOHNSTON L，WESTRA B，et al. Developing an approach for data management education：a report from the data information literacy project[J]. International journal of digital curation,2013,8（1）:204−217.

21. CEOS. Data life cycle models and concepts[EB/OL]. [2017−02−10]. http://wgiss. ceos.org/dsig/whitepapers/.

22. PIORUN M E, KAFEL D, LEGER−HORNBY T, et al. Teaching research data management: an undergraduate/graduate curriculum[J]. Journal of eScience librarianship, 2012, 1（1）:46−50.

23. CRANE G，BABEU A，BAMMAN D. eScience and the humanities[J]. International Journal on Digital Libraries,2007,7（1/2）:117−122.

24. DDI Structural Reform Group. Overview of the DDI version 3.0 conceptual model[EB/ OL]. [2015−02−12]. http://opendatafoundation.org/ddi/srg/Papers/DDIModel_v_4.pdf.

25. DOUCETTE L，FYFE B. Drowning in research data：addressing data management literacy of graduate students[R/OL]. [2016−04−02]. http://www.ala.org/acrl/sites/ala.org.acrl/ files/content/conferences/confsandpreconfs/2013/papers/DoucetteFyfe_Drowning.pdf.

26. EDISON data science framework：part 1. data science competence framework（CF− DS），release 1 [R/OL]. [2017−05−15]. http://edison-project.eu/data-science-competence- framework−cf−ds.

27. ELMBORG J，Critical information literacy：implications for instructional practice[J]，Journal of academic librarianship,2006（32）:196.

28. ESHET−ALKALAI Y. Digital literacy：a conceptual framework for survival skills in the digital era[J]. Journal of educational multimedia and hypermedia,2004,13（1）:93−106.

29. EUDAT. What is EUDAT? [EB/OL]. [2016−01−20]. https://eudat.eu/what−eudat.

30. European IPR Helpdesk. Open access to publications and data in Horizon 2020： frequently asked questions（FAQ）[R/OL]. [2015−08−03]. http://www.iprhelpdesk.eu/sites/ default/files/newsdocuments/Open_Access_in_H2020.pdf.

31. FOSMIRE M，MILLER C. Creating a culture of data integration and

interoperability: librarians and earth science faculty collaborate on a geoinformatics course[C/OL]. [2015-11-06]. https://docs.lib.purdue.edu/iatul/2008/papers/16/.

32. GAL I. Adults' statistical literacy: meanings, components, responsibilities[J]. International statistical review, 2002, 70 (1): 1-25.

33. GIANCHANDANI E. Obama administration unveils $200M big data R&D initiative[EB/OL]. [2015-05-10]. http://www.cccblog.org/2012/03/29/obama-administration-unveils-200m-big-data-rd-initiative/.

34. GILSTER P. Digital literacy[M]. New York: Wiley, 1997: 25-28.

35. GOULD R. Data literacy is statistical literacy[J]. Statistics education research journal, 2017, 16 (1): 22-25.

36. GRAHAM B, REGEHR G, WRIGHT J G, et al. Delphi as a method to establish consensus for diagnostic criteria[J]. Journal of clinical epidemiology, 2003, 56 (12): 1150-1156.

37. GRAY A S. Data and statistical literacy for librarians[J/OL]. [2016-05-06]. http://www.iassistdata.org/content/data-and-statistical-literacy-librarians.

38. GUNTER G A. Building student data literacy: an essential critical-thinking skill for the 21st century[J]. Multimedia & internet, 2007, 14 (3), 24-28.

39. GUPTA U G, CLARKE R E. Theory and applications of the Delphi technique: a bibliography (1975-1994) [J]. Technological Forecasting and Social Change, 1996, 53 (2): 185-211.

40. HAENDEL M A, VASILEVSKY N A, WIRZ J A. Dealing with data: a case study on information and data management literacy[J]. PLOS biology, 2012, 10 (5), 1-4.

41. Harvard Library. Data management[EB/OL]. [2017-05-11]. https://guides.library.harvard.edu/dmp.

42. HEY T, HEY J. E-science and its implications for the library community[J]. Library hi tech, 2006, 24 (4): 515-528.

43. HEY T, TREFETHEN A E. Cyberinfrastructure for e-Science. [J]. Science, 2005, 308 (5723): 817-21.

44. HIGGINS S. The DCC curation lifecycle model[J]. International journal of digital curation, 2008, 3 (1): 134-140.

45. HOGENBOOM K, PHILLIPS C M H, HENSLEY M K. Show me the data!

Partnering with instructors to teach data literacy[C/OL]. [2015−08−09]. https://www.ideals. illinois.edu/handle/2142/73409.

46. HOLDREN J P. Increasing access to the results of federally funded scientific research[R/OL]. [2015−08−02]. http://www.whitehouse.gov/sites/default/files/microsites/ ostp/ostp_public_access_memo_2013.pdf.

47. HORTON F W. Understanding information literacy:a primer. Information society division, communication and information sector UNESCO, Paris（2007）[EB/OL]. [2017−01−10]. http://unesdoc.unesco.org/images/0015/001570/157020e.pdf.

48. Human Genome Project. About the human genome project [EB/OL]. [2017−11−12]. https://web.ornl.gov/sci/techresources/Human_Genome/project/index.shtml.

49. HUNT K. The challenges of integrating data literacy into the curriculum in an undergraduate institution[J/OL]. [2015−07−15]. http://scholar.uwinnipeg.ca/khunt/ iassist2004/index.cfm.

50. IKEMOTO G, MARSH J. Cutting through the data−driven mantra: different conceptions of data−driven decision making[J]. Yearbook of the national society for the study of education: evidence and decision making, 2007,106（1）:105−131.

51. International Council for Science（ICSU）. Strengthening international science for the benefit of society:a strategic plan for the international council of science 2006−2011[R/ OL]. [2015−10−10]. http://www.icsu.org/publications/reports-and-reviews/icsu-strategic-plan-2006-2011/icsu-strategic-pl an-2006-2011.pdf.

52. JENKINS E W. Scientific literacy:a functional construct[M]// BAKER D, CLAY J, FOX C. Challenging ways of knowing in English, maths, and science, London:Falmer Press,1996:43−51.

53. JOSEPH P. MARTINO. A review of selected recent advances in technological forecasting[J]. Technological forecasting & social change,2003（70）:719–733.

54. KOLTAY, T. Big data, big literacies?[J]. TEMA,2014,24:3−8.

55. MACMILLAN D. Sequencing genetics information:integrating data into information literacy for undergraduate biology students [J]. Issues in science & technology librarianship,2010（61）:12.

56. MACMILLEN, D. Using open access resources in data literacy instructions:

Renewing the IL curriculum by aligning it with changing needs[J/OL]. [2016-04-03]. http://pdxscholar.library.pdx.edu/liw_portland/Presentations/Material/24.

57. MANDINACH E B, GUMMER E S. Data literacy for educators：making it count in teacher preparation and practice[M]. New York：Teachers College Press,2016：30.

58. MANDINACH E B, PARTON B M, GUMMER E S, et al. Ethical and appropriate data use requires data literacy [J]. Phi Delta Kappan,2015,96（5）：25-28.

59. MARTONE M. Data citation synthesis group：joint declaration of data citation principles[R/OL]. [2015-10-11]. https://www.force11.org/group/joint-declaration-data-citation-principles-final.

60. Massachusetts Institute Of Technology. Data management[EB/OL]. [2015a-11-10]. https://libraries.mit.edu/data-management/.

61. Massachusetts Institute Of Technology. Social science data：find data[EB/OL]. [2015-11-10]. https://libguides.mit.edu/socscidata.

62. MCAULEY D, RAHEMTULLA H, GOULDING J, et al. How open data, data literacy and linked data will revolutionize higher education[J/OL]. [2016-05-03]. http://pearsonblueskies.com/wp-content/uploads/2011/05/21-pp_088-093.pdf.

63. MCKENDRICK, J. Data driven and digitally savvy：the rise of the new marketing organization[J/OL]. [2016-05-01]. https://som.yale.edu/sites/default/files/files/Forbes%20Insights%20_%20Ravi%20Dhar_1_21_2015.pdf.

64. MICHENER W K, JONES M B. Ecoinformatics：supporting ecology as a data-intensive science[J]. Trends in ecology & evolution,2012,27（2）：85-93.

65. Michigan State University. Records management[EB/OL]. [2017-02-12]. http://archives.msu.edu/records/.

66. MOONEY, H., AND CARLSON, J. Developing data literacies for graduate students in the social sciences[J/OL]. [2017-05-02]. http://docs.lib.purdue.edu/lib_fspres/51.

67. National Institutes of Health. NIH grants policy statement [EB/OL]. [2015-03-17]. http://grants.nih.gov/grants/policy/nihgps_2011/nihgps_ch2.htm.

68. National Science Foundation. NSF's public access plan：today's data, tomorrow's discoveries[EB/OL]. [2015-11-21]. http://www.nsf.gov/pubs/2015/nsf15052/nsf15052.pdf.

69. NSF. National Science Board. Long-lived digital data collections：enabling research

and education in the 21st century[EB/OL]. [2017-03-26]. http://www.nsf.gov/plus/2005/nsb0540/nsb0540.pdf.

70. OECD. OECD Principles and guidelines for access to research data from public funding[R/OL]. [2015-05-16]. http://www.oecd.org/dataoecd/9/61/38500813.pdf.

71. OGIER A L, LENER E, MILLER R K. The data literacy advisory team at virginia tech: developing a content model for data literacy instruction[EB/OL]. [2017-01-19]. http://docs.lib.purdue.edu/cgi/viewcontent.cgi?article=1054&context=dilsymposium.

72. Open Knowledge Foundation, and Peer to Peer University（P2PU）. School of data-learn how to find, process, analyze and visualize data [EB/OL]. [2015-11-20]. http://schoolofdata.org/.

73. Penn State University Libraries. Data management[EB/OL]. [2017-11-18]. https://libraries.psu.edu/services/research-data-services/data-management.

74. PETER K, KELLAM L. Statistics & the single girl: incorporating statistical literacy into information literacy instruction[J/OL]. [2015-08-09]. http://commons.emich.edu/cgi/viewcontent.cgi?article=1192&context=loexquarterly.

75. PRADO J C, MARZAL M Á. Incorporating data literacy into information literacy programs: core competencies and contents[J]. Libri,2013,63（2）:123-134.

76. QIN J, D'IGNAZIO J. The central role of metadata in a science data literacy course[J]. Journal of library metadata,2010,10（2/3）:188-204.

77. QIN J, D'IGNAZIO J. Lessons learned from a two-year experience in science data literacy education[C/OL]. [2015-03-02]. https://docs.lib.purdue.edu/iatul2010/conf/day2/5/.

78. REDALYC L, CLASE R, IN-COM UAB S. Berlin declaration on open access to knowledge in the sciences and humanities[J/OL]. [2015-10-02]. http://www.redalyc.org/pdf/782/78241008.pdf.

79. REEVES T D, HONIG S L. A classroom data literacy intervention for pre-service teachers[J]. Teaching and teacher education,2015（50）:90-101.

80. Research Information Network. The role of research supervisors in information literacy[R/OL]. [2016-10-22]. http://www.rin.ac.uk/system/files/attachments/Summary_of_surveys.pdf.

81. RIDSDALE C，ROTHWELL J，SMIT M，et al. Strategies and best practices for data literacy education knowledge synthesis report[J]. Journal de physique IV,2015,105（3）：11-18.

82. RIVERA-BATIZ F L. Quantitative literacy and the likelihood of employment among young adults in the United States[J/OL]. [2015-08-09]. http://www.jstor.org/stable/145737.

83. ROYAL SOCIETY. Science as an open enterprise[R/OL]. [2015-06-08]. http://royalsociety.org/policy/projects/science-public-enterprise/report/.

84. RUBIN A. Math that matters[J]. Hands on：a journal for mathematics and science educators,2005,28（1）：3-7.

85. SCHEITLE C P. Web-based data analysis：creating a sociological laboratory[J]. Teaching Sociology,2006,34（1），80-86.

86. SCHIELD M. Information literacy，statistical literacy and data literacy[J]. Iassist Quarterly,2004（2/3）：7-14.

87. SCHNEIDER R. Research data literacy [C]. European conference on information literacy. Springer International Publishing,2013,397：134 -140.

88. SHAMOS M H.The myth of scientific literacy[M]. New Brunswick，NJ：Rutgers University Press. 1995.

89. SHORISH，Y. Data information literacy and undergraduates：a critical competency[J/OL]. [2016-01-15]. http://commons.lib.jmu.edu/letfspubs/27.

90. Society of College，National and University Libraries. The seven pillars of information literacy[EB/OL]. [2017-02-01]. https://www.sconul.ac.uk/page/seven-pillars-of-information-literacy.

91. Statistics Canada. Statistics：Power from data![EB/OL]. [2015-11-20]. http://www.statcan.gc.ca/edu/power- pouvoir/toc-tdm/5214718-eng.htm.

92. STEELE B，KILIC-BAHI S. Quantitative literacy across the curriculum：a case study[J/OL]. [2015-08-09]. http://scholarcommons.usf.edu/numeracy/vol1/iss2/art3/.

93. STEEN L A. The case for quantitative literacy[J]. Mathematics and democracy,2001：1-22.

94. STEPHENSON E，CARAVELLO P S. Incorporating data literacy into

undergraduate information literacy programs in the social sciences:a pilot project[J]. Reference services review,2007,35(4):525-540.

95. STOUT A, GRAHAM A. The data dilemma[C/OL]. [2016-05-06]. http://dspace. mit.edu/bitstream/handle/1721.1/39640/amystout.pdf.

96. SWAN A, BROWN S. The skills, role and career structure of data scientists and curators:an assessment of current practices and future needs[R/OL]. [2016-06-06]. http:/www.jisc.ac.uk/media/documents/programmes/digitalrepositories/ dataskillscareersfinalreport.pdf.

97. SWAN K, VAHEY P, KRATCOSKI A, et al. Challenges to cross-disciplinary curricula:data literacy and divergent disciplinary perspectives[C/OL]. [2016-06-06]. http:// www.sri.com/work/publications/challenges-cross-disciplinary-curricula-data-literacy- anddivergent-disciplinary-p.

98. TEAL T K, CRANSTON K, LAPP H, et al. Data carpentry:workshops to increase data literacy for researchers[J]. International Journal of Digital Curation,2015,10 (1):135-143.

99. The Australian National University. Information literacy program. ANU data management manual:managing digital research data at the Australian national university 2017 [EB/OL]. [2018-01-20]. https://services.anu.edu.au/files/DataManagment.pdf.

100. TWIDALE M B, BLAKE C, GANT J P. Towards a data literate citizenry[C]. iConference 2013 proceedings,2013:247-257.

101. UK Data Archive. Research data lifecycle[EB/OL]. [2017-02-12]. http://www. data-archive.ac.uk/create-manage/life-cycle.

102. UNESCO. Global media and information literacy assessment framework: country readiness and competencies. 2013[EB/OL]. http://unesdoc.unesco.org/ images/0022/002246/224655e.pdf.

103. University of Bristol. Research data botcamp[EB/OL]. [2015-11-04]. http://data. bris.ac.uk/research/botcamp/.

104. University of Cambridge. Explanation of terms[EB/OL]. [2015-03-27]. http:// www.lib.cam.ac.uk/preservation/incremental/glossary.html.

105. University of Cambridge. Research data management[EB/OL]. [2017-05-11].

https://www.data.cam.ac.uk/support/resources-and-support-cambridge.

106. University of Edinburgh. Mantra[EB/OL]. [2015-11-04]. http://datalib.edina.ac.uk/mantra/.

107. University of Minnesota Libraries. Training for researchers and students [EB/OL]. [2015-11-06]. https://www.lib.umn.edu/datamanagement/workshops.

108. University of Virginia Library. Data types & file formats[EB/OL]. [2017-03-26]. http://data.library.virginia.edu/data-management/plan/format-types/.

109. University of Virginia Library. Research data services + sciences[EB/OL]. [2015-11-06]. http://data.library.virginia.edu/data-management/.

110. University of Washington Libraries. Data management guide[EB/OL]. [2015-11-10]. http://guides.lib.uw.edu/friendly.php?s=research/dmg.

111. Vitae. Researcher Development framework[R/OL]. [2016-05-08]. https://www.tees.ac.uk/docs/DocRepo/Research/Vitae-Researcher-Development-Framework.pdf.

112. WHITMIRE, A L. Implementing a graduate-level research data management course：Approach, outcomes, and lessons learned[J/OL]. [2017-11-10]. http://jlsc-pub.org/articles/10.7710/2162-3309.1246.

113. WOMACK R. Data visualization and information literacy[J]. Iassist Quarterly, 2014,38（1）:12-17.

114. WONG, G K W. Facilitating students' intellectual growth in information literacy teaching[J]. Reference and user services quarterly,2010,50（2）:114–118.

115. WRIGHT S, FOSMIRE M, JEFFRYES J, et al. A multi-institutional project to develop discipline-specific data literacy instruction for graduate students. [2016-05-06]. http://docs.lib.purdue.edu/lib_fspres/10.

116. Yale University Library. Research data management[EB/OL]. [2017-11-10]. https://guides.library.yale.edu/datamanagement.

117. ZALLES D R. Designs for assessing foundational data literacy[R/OL]. [2016-05-04]. http://serc.carleton.edu/files/NAGTWorkshops/assess/ZallesEssay3.pdf.

118. ZILINSKI, L, SAPP N, MEGAN R, et al. Developing professional skills in STEM students：data information literacy[J/OL]. [2016-05-02]. http://dx.doi.org/10.5062/F42V2D2Z.

附　　录

附录1　国外数据素养能力要素综述表

作者（出版时间）	数据发现与收集／获取	数据管理与组织	数据和数据源质量评估	数据工具	数据驱动决策	数据解释	基本的数据分析	数据保存	数据伦理
Reeves和Honig（2015）	*	*			*	*	*		
Shorish（2015）	*	*	*				*		
Teal, et al.（2015）		*		*	*		*		
McKendrick（2015）	*			*	*	*	*		
Mandinach, et al.（2015）	*				*	*			*
Koltay（2014）	*	*	*					*	
MacMillen（2014）		*			*				
Mooney和Carlson（2014）	*	*	*	*				*	*
Zilinski, et al.（2014）	*		*			*	*		
Womack（2014）			*		*				
Association of College and Research Libraries（2014）	*		*					*	
Prado和Marzal（2013）	*	*	*		*	*	*	*	*
Schneider（2013）	*	*	*		*		*	*	*
Twidale, et al.（2013）		*	*	*	*	*			
Association of College and Research Libraries（2013）	*	*	*					*	*
Doucette和Fyfe（2013）		*				*		*	
Haendel, et al.（2012）	*	*						*	
Wright, et al.（2012）		*		*					*
Carlson, et al.（2011）	*	*	*	*			*	*	*
Colombo, et al.（2012）								*	*

数据可视化	数据监护与重用	批判性思维	数据操作／处理	数据共享	数据概述	元数据创建与使用	数据格式转换（与互操作）	数据引用	数据表达（口头）数据交流	利用数据识别问题	基于数据评估决策／结论	数据文化（数据实践规范）	数据意识
	＊										＊	＊	
	＊	＊		＊	＊								
＊	＊				＊								
＊					＊					＊		＊	
										＊	＊	＊	
	＊			＊		＊	＊	＊					
		＊								＊			
＊	＊				＊	＊	＊	＊				＊	
＊								＊	＊	＊			
＊		＊											
	＊		＊				＊						
	＊	＊	＊		＊						＊		＊
	＊		＊			＊					＊		
＊													
＊	＊								＊				
				＊									
	＊			＊									
	＊			＊		＊							
＊	＊				＊	＊	＊	＊				＊	
				＊	＊	＊							

作者（出版时间）	数据发现与收集／获取	数据管理与组织	数据和数据源质量评估	数据工具	数据驱动决策	数据解释	基本的数据分析	数据保存	数据伦理
Qin 和 D'ignazio（2010）	*	*	*		*	*			*
MacMillan（2010）	*			*		*	*		
McAuley, et al.（2010）	*	*	*		*	*			
Swan, et al.（2009）	*		*	*	*	*			
Swan 和 Brown（2008）		*		*				*	
Ikemoto 和 Marsh（2007）	*	*			*	*	*		
Stephenson 和 Caravello（2007）	*		*	*			*		*
Gunter（2007）	*	*		*	*				
Stout 和 Graham（2007）		*		*				*	*
Scheitle（2006）		*		*					
Zalles（2005）			*		*	*	*		
Schield（2004）	*	*	*	*			*		
Gray（2004）			*			*			

数据可视化	数据监护与重用	批判性思维	数据操作／处理	数据共享	数据概述	元数据创建与使用	数据格式转换（与互操作）	数据引用	数据表达（口头）数据交流	利用数据识别问题	基于数据评估决策／结论	数据文化（数据实践规范）	数据意识
			*										
			*										
		*							*				
	*				*	*	*						
							*				*		
		*	*						*				
*		*	*										*
					*		*						
			*										
*							*	*					
*		*	*					*					
					*								

附录2 "我国科研人员科学数据素养现状"调研访谈提纲

访谈日期：_____年____月____日

访谈时间：____时____分—____时____分

被访谈人：_____ 学科专业：_____

访谈地点：_____ 访谈人：_____

访谈内容

1.请您尽可能详细地介绍一下自己的专业背景和科研方向等。

2.谈谈您对科学数据的一些基本认知（作用、价值、发展趋势等）。

3.您如何确定自己的数据需求？如何选择、判断数据来源？

4.请介绍一下您（或者您所在的课题组）在科研过程中，是否进行数据处理工作，频率如何？主要流程和环节是什么？

5.您在数据收集、处理、保存、利用等操作过程中遇到的问题和解决办法是什么？

6.您或您的科研团队如何进行数据管理？是否有明确的数据管理计划？请具体阐述。

7.您在科学研究过程中产出的数据成果，如何传播与交流？

8.您是否与他人（课题组成员、其他个人或团体）共享自己的科研数据？具体情况是怎样的？数据共享中需要考虑哪些问题？

9.您是否了解与数据相关的法律法规？您所在的机构是否存在明确的研究数据伦理声明？您是如何理解与遵守的？

10.谈谈您对自己或团队成员数据处理能力的评价。您觉得是否有必要建立科学数据素养能力评价指标体系？

11.您认为是否有必要接受专门的数据管理或利用技能培训？

12.大数据时代的到来，对您或您科研团队的科学研究带来的显著影响有哪些？您如何看待数据密集型科研给学术交流体系带来的变革？

附录3　"科学数据素养能力指标体系" 专家评议问卷（第一轮）

尊敬的专家：

您好！我是中国科学院大学的博士研究生。衷心感谢您在百忙之中抽出时间参与专家咨询！

大数据时代，科学数据作为科学研究和知识创新的重要基础，有效管理和利用科学数据的能力，成为科研人员的必备素养，我们称之为"科学数据素养"。为了全面评价科研人员的科学数据素养水平，指导科学数据素养教育实践，本研究构建了"科学数据素养能力指标体系"，为保证评价的科学性与准确性，采用德尔菲法征询相关学科领域专家对指标体系的意见和建议。恳请您帮忙完成以下评议工作，谢谢！

完成本问卷，大约需要10—15分钟时间。

指标内容评议（见表1）

1）请您判断各项指标的必要性，并在"必要性"一栏中相应的等级代码处勾选（5非常必要；4必要；3一般；2不太必要；1不必要）；

2）请您评议指标描述的明确性，并在"明确性"一栏中相应的等级代码处勾选（5非常明确；4明确；3一般；2模糊；1非常模糊）；

3）如您对各项指标提出修改意见，请填写于"修改意见"一栏中；

4）如您认为有需要补充的指标，请填写于"建议增加的指标"一栏中；

5）请您提出对整个指标体系的意见或建议。

如果您关于本调查问卷有任何问题或疑问，请联系sciencedata@126.com。

专家姓名_____　专业_____　职称_____　学历_____　年龄_____

表1 "科学数据素养能力指标体系"指标内容评议表（第一轮）

维度	一级指标	二级指标			必要性	明确性	修改意见
		知识（认知层面）	技能（行为层面）	态度（情感层面）			
个人 G	G1 数据意识	G11 认识到数据在科学研究与学术交流中的重要作用			□5—非常必要 □4—必要 □3—一般 □2—不太必要 □1—不必要	□5—非常明确 □4—明确 □3—一般 □2—模糊 □1—非常模糊	
		了解数据基本概念	能够熟练应用数据进行科学研究与学术交流	以严谨认真的态度对待科研过程中产生的数据，保持对数据的敏感性			
		G12 了解数据具有原始创建项目的以外的价值和长期使用价值			□5—非常必要 □4—必要 □3—一般 □2—不太必要 □1—不必要	□5—非常明确 □4—明确 □3—一般 □2—模糊 □1—非常模糊	
		了解数据蕴含着信息与知识	通过数据挖掘来发现知识	能够判断有价值的数据，同时考虑数据的局限性			
		G13 将批判性思维贯穿于数据处理与应用的整个过程			□5—非常必要 □4—必要 □3—一般 □2—不太必要 □1—不必要	□5—非常明确 □4—明确 □3—一般 □2—模糊 □1—非常模糊	
		了解与数据相关的高级问题和挑战	开展数据工作时进行判断思考	基于特定的标准和情境，对数据做出自我辨识与判断			

续表

维度	一级指标	知识（认知层面）	技能（行为层面）	态度（情感层面）	必要性	明确性	修改意见
个人G	G1 数据意识	G14明确自己在学习科研工作中的数据需求	能够通过多种渠道获取所需数据，创建新的数据	判断和评估数据需求的满足程度与利益成本	□5—非常必要 □4—必要 □3—一般 □2—不太必要 □1—不必要	□5—非常明确 □4—明确 □3—一般 □2—模糊 □1—非常模糊	
		建议增加的指标：					
	G2 数据收集	G21识别并获取各种类型的数据，并将其应用于特定的研究问题	根据需求获取不同类型的数据，并以适当的格式保存数据文档	评价研究任务所规定的领域不同数据标准格式，比较不同数据格式的优点和缺点	□5—非常必要 □4—必要 □3—一般 □2—不太必要 □1—不必要	□5—非常明确 □4—明确 □3—一般 □2—模糊 □1—非常模糊	
		G22利用与研究主题相关的数据存储库 熟悉数据存取相关数据方式，以便获取相关数据	基于对数据库的组织和数据通用属性的了解，利用数据存储库	根据研究主题，对数据的选择做出判断，评估可信数据来源与数据集质量	□5—非常必要 □4—必要 □3—一般 □2—不太必要 □1—不必要	□5—非常明确 □4—明确 □3—一般 □2—模糊 □1—非常模糊	

续表

维度	一级指标	二级指标 知识（认知层面）	二级指标 技能（行为层面）	二级指标 态度（情感层面）	必要性	明确性	修改意见
个人 G	G2 数据收集	G23 掌握数据检索与获取的基本技能 了解数据检索方法与途径，包括主题词选取，使用布尔逻辑关系构建检索式，利用分面搜索等方法改进检索策略	合理使用不同类型的检索语言和检索工具，根据检索结果设计和改进检索策略	展现思维的灵活性与创造性，探讨在不同数据库中通过改变检索策略获取数据的优点	□5—非常必要 □4—必要 □3—一般 □2—不太必要 □1—不必要	□5—非常明确 □4—明确 □3—一般 □2—模糊 □1—非常模糊	
		G24 选择数据集时，考虑数据权重的相关 了解数据集评价的相关工具和流程	批判性地选择数据集，结合其元数据质量和文档注释规范等	考虑由研究问题与目标所决定的与数据重用相关的关键因素（元数据、文档注释等）	□5—非常必要 □4—必要 □3—一般 □2—不太必要 □1—不必要	□5—非常明确 □4—明确 □3—一般 □2—模糊 □1—非常模糊	
		G25 数据采集过程中的数据质量保证，避免数据错误与数据损坏 了解实验室设备和操作规程，知晓可能存在的数据错误和数据损坏问题	积极采取措施防止数据错误和数据损坏，包括采集前规定测量单位，数据字段与格式，数据交互流程控制，以及人为操作，计算机文件创建与转换等	意识到在数据采集过程中采取的行动能够在数据生命周期中对数据质量产生积极影响	□5—非常必要 □4—必要 □3—一般 □2—不太必要 □1—不必要	□5—非常明确 □4—明确 □3—一般 □2—模糊 □1—非常模糊	

建议增加的指标：

续表

维度	一级指标	二级指标			必要性	明确性	修改意见
		知识（认知层面）	技能（行为层面）	态度（情感层面）			
个人 G	G3 数据分析	G31 根据数据研究任务的需要，识别并应用数据分析工具与技术 了解数据清洗、统计、图形分析等相关工具的使用方法与应用领域	根据数据分析的说明和规范，使用研究项目规定的特定分析工具	探讨如何在更广泛的学科范围内使用数据分析工具与技术	□5—非常必要 □4—必要 □3—一般 □2—不太必要 □1—不必要	□5—非常明确 □4—明确 □3—一般 □2—模糊 □1—非常模糊	
		G32 掌握数据分析基本步骤，完成特定数据分析任务 明确数据分析管理程序，了解本机构或学科的最佳实践	制定数据分析方案，进行数据分析与结果评估，改进分析流程	与本学科或其他学科专家一起讨论和验证数据分析方案，以确保研究质量	□5—非常必要 □4—必要 □3—一般 □2—不太必要 □1—不必要	□5—非常明确 □4—明确 □3—一般 □2—模糊 □1—非常模糊	
		G33 掌握数据可视化方法，评估数据可视化的有效性 了解学科领域常用的数据可视化类型；清楚造成数据展示模糊性和误导性的原因	根据学科研究方案，创建有意义的图表进行数据组织与展示；选择减少模糊性和误导性的其他数据展示方法	对定量信息可视化做出合理决策，探讨不同可视化类型的作用和意义	□5—非常必要 □4—必要 □3—一般 □2—不太必要 □1—不必要	□5—非常明确 □4—明确 □3—一般 □2—模糊 □1—非常模糊	

续表

维度	一级指标	二级指标			必要性	明确性	修改意见
		知识（认知层面）	技能（行为层面）	态度（情感层面）			
个人 G	G3 数据分析	G34掌握数据转换与写操作方法，将数据转换为研究过程需要的格式 阐述文件被保存或进一步转换为其他格式的过程，了解专有和非专有文件格式之间的区别	选择适合当前研究项目的标准文件格式，进行数据格式转换	能够在专有和非专有文件格式之间做出合理选择，考虑数据访问周期	□5—非常必要 □4—必要 □3—一般 □2—不太必要 □1—不必要	□5—非常明确 □4—明确 □3—一般 □2—模糊 □1—非常模糊	
		G35能够对采集到的数据进行解读 理解图表、表格和图形中的数据	识别数据中的关键点，并与其他重要信息进行整合	判断数据中存在的矛盾与偏差	□5—非常必要 □4—必要 □3—一般 □2—不太必要 □1—不必要	□5—非常明确 □4—明确 □3—一般 □2—模糊 □1—非常模糊	
		建议增加的指标：					
	G4 数据保存	G41明确数据保存需求，合理制定保存方案 了解适用于不同类型和容量的研究数据集的保存存方案、访问限制、共享要求等	掌握适用特定领域或特定类型数据的最佳保存方法	在确定最佳保存方案时寻求专业帮助，并积极采用数据保存的最佳实践以实现数据价值再生	□5—非常必要 □4—必要 □3—一般 □2—不太必要 □1—不必要	□5—非常明确 □4—明确 □3—一般 □2—模糊 □1—非常模糊	

续表

维度	一级指标	二级指标			必要性	明确性	修改意见
		知识（认知层面）	技能（行为层面）	态度（情感层面）			
个人 G	G4 数据保存	G42 通过定期备份、异地备份、损失预防、版本控制等解决方案保存数据文件	在工作流程中按照一定逻辑和常规方法制定数据保存计划 合理组合保存方法、制定综合保存方案	意识到数据保存的重要性与长远意义，防止由于操作失误或系统故障导致数据丢失	□ 5—非常必要 □ 4—必要 □ 3—一般 □ 2—不太必要 □ 1—不必要	□ 5—非常明确 □ 4—明确 □ 3—一般 □ 2—模糊 □ 1—非常模糊	
		G43 了解所有数据保存都有成本	了解不同形态（包括电子型或非电子型）数据保存的相关成本 在研究计划中阐明数据保存的时间成本和资源成本	意识到保存数据的非财务成本（人力、技术等）	□ 5—非常必要 □ 4—必要 □ 3—一般 □ 2—不太必要 □ 1—不必要	□ 5—非常明确 □ 4—明确 □ 3—一般 □ 2—模糊 □ 1—非常模糊	
		G44 按照重要性划分数据保存等级，将独特的研究数据集或创建的数据集作为重点保存对象	区分哪些数据需要长期保存，哪些不需要 理解数据分级保存的必要性	认识到数据保存对于数据的科学记录、研究的可重复性与数据共享的重要性	□ 5—非常必要 □ 4—必要 □ 3—一般 □ 2—不太必要 □ 1—不必要	□ 5—非常明确 □ 4—明确 □ 3—一般 □ 2—模糊 □ 1—非常模糊	

建议增加的指标：

续表

维度	一级指标	二级指标			必要性	明确性	修改意见
		知识（认知层面）	技能（行为层面）	态度（情感层面）			
个人 G	G5 数据管理	G51认识到数据具有生命周期，并且在生命周期的每个阶段有特定的数据管理任务	应用数据生命周期来确定研究项目所处的数据管理阶段 实施数据管理计划，了解其如何与研究生命周期的特定阶段相关联	意识到数据管理不善可能会带来危害，按要求完成数据管理任务	□5—非常必要 □4—必要 □3—一般 □2—不太必要 □1—不必要	□5—非常明确 □4—明确 □3—一般 □2—模糊 □1—非常模糊	
		G52理解"数据管理计划（DMP）"作为科研工作不可或缺的组织文件的重要性，了解其概念和组成部分 了解数据管理计划的结构，以及各组成部分的具体内容	根据数据管理计划中制定的管理方法组织科研数据	探讨如何将数据管理计划应用于研究项目	□5—非常必要 □4—必要 □3—一般 □2—不太必要 □1—不必要	□5—非常明确 □4—明确 □3—一般 □2—模糊 □1—非常模糊	
		G53知道如何使用元数据进行研究成果的标识、发现、评价和管理 理解元数据的基本原理	熟练利用元数据进行标注与描述，供自己或他人更好地理解和使用	认识到数据在研究成果发现与传播中的应用价值	□5—非常必要 □4—必要 □3—一般 □2—不太必要 □1—不必要	□5—非常明确 □4—明确 □3—一般 □2—模糊 □1—非常模糊	

续表

维度	一级指标	二级指标			必要性	明确性	修改意见
		知识（认知层面）	技能（行为层面）	态度（情感层面）			
	G5 数据管理	G54 认识到元数据遵循一定标准，并按照学科规范将其应用于数据集，解读外部数据源的元数据	遵循元数据标准最佳实践，实现数据管理、质量控制，数据再利用与发现	综合考虑科学数据特有属性和用户需求，不断完善和改进元数据标准	□5—非常必要 □4—必要 □3—一般 □2—不太必要 □1—不必要	□5—非常明确 □4—明确 □3—一般 □2—模糊 □1—非常模糊	
		描述研究项目与学科领域的元数据标准，创建元数据描述方案					
		建议增加的指标：					
个 人 G	G6 数据评价	G61 掌握数据质量评价的基本流程 了解对数据质量进行评价的方法和过程	对数据的采集、存储和产出进行全面的考察和评价	从数据综合应用的角度考虑，提高数据的可信度和有效性，为决策提供有利的基础	□5—非常必要 □4—必要 □3—一般 □2—不太必要 □1—不必要	□5—非常明确 □4—明确 □3—一般 □2—模糊 □1—非常模糊	
		G62 利用数据识别研究中的一般问题（如工作效率、环境、经济等）	利用历史数据总结、对照、提炼知识；利用当前数据了解现况，发现问题；预测未来数据问题	认识到不同时序列的数据能够反映和解决不同的问题，或高级问题（如政策、政府）	□5—非常必要 □4—必要 □3—一般 □2—不太必要 □1—不必要	□5—非常明确 □4—明确 □3—一般 □2—模糊 □1—非常模糊	
		了解通过数据识别问题的基本方法					

续表

维度	一级指标	二级指标			必要性	明确性	修改意见
		知识（认知层面）	技能（行为层面）	态度（情感层面）			
个人 G	G6 数据评价	G63 掌握数据驱动决策的基本方法 确定从数据中提取信息的优先级	将数据转化为可以指导实践的信息或知识	衡量基于数据驱动的解决方案/决策的优点和影响	□5—非常必要 □4—必要 □3—一般 □2—不太必要 □1—不必要	□5—非常明确 □4—明确 □3—一般 □2—模糊 □1—非常模糊	
		建议增加的指标：					
	G7 数据引用	G71 了解数据引用的基本原理和作用 认识到数据引用是可以支持数据访问、共享和再利用的一种重要方法	了解数据引用的基本要素，包括唯一标识符、标题、作者和出版时间等	认识到建立良好的数据引用机制是数据中心、研究人员以及期刊出版商等的共同责任	□5—非常必要 □4—必要 □3—一般 □2—不太必要 □1—不必要	□5—非常明确 □4—明确 □3—一般 □2—模糊 □1—非常模糊	
		G72 编写新的学术著作时，能够引用数据、文章、图书或其他相关资源 了解数据、图书或其他资源的引文著录格式	掌握科学数据引用的路径选择，如期刊学术论文、数据中心等	区别数据的引文格式与其他文献资源的不同	□5—非常必要 □4—必要 □3—一般 □2—不太必要 □1—不必要	□5—非常明确 □4—明确 □3—一般 □2—模糊 □1—非常模糊	
		建议增加的指标：					

续表

维度	一级指标	二级指标			必要性	明确性	修改意见
		知识（认知层面）	技能（行为层面）	态度（情感层面）			
个人 G	G8 数据交流	G81 通过口头或书面等方式进行有效的数据表达，展示研究论点、论据和结论			□5—非常必要 □4—必要 □3—一般 □2—不太必要 □1—不必要	□5—非常明确 □4—明确 □3—一般 □2—模糊 □1—非常模糊	
		对数据分析结果进行解释和评估	有效评估受众需求和数据主题的相关度	策划合适的数据呈现或表达形式			
		G82 通过数据出版，促进科学研究价值的体现和数据集的再利用			□5—非常必要 □4—必要 □3—一般 □2—不太必要 □1—不必要	□5—非常明确 □4—明确 □3—一般 □2—模糊 □1—非常模糊	
		了解数据出版的类型和一般流程	选择合适的数据出版模式，包括公共科学数据仓储、机构库、期刊发表等	探讨数据出版对于促进科学交流和提升出版者及其所在机构力的重要作用			
	建议增加的指标：						
	G9 数据安全	G91 掌握数据防护的安全措施			□5—非常必要 □4—必要 □3—一般 □2—不太必要 □1—不必要	□5—非常明确 □4—明确 □3—一般 □2—模糊 □1—非常模糊	
		了解进行数据防护的现代信息存储手段	采取文档透明加密、数据安全隔离、内容智能识别、网络拦截等一种或多种技术手段，实现数据防泄密	意识到数据防护是一种主动的安全防护措施			

续表

维度	一级指标	二级指标			必要性	明确性	修改意见
		知识（认知层面）	技能（行为层面）	态度（情感层面）			
个人 G	G9 数据安全	G92 掌握数据处理的安全措施 了解数据处理中可能存在、在硬件故障、人为误操作、程序缺陷、病毒或黑客等安全隐患	有效防止数据在录入、处理、统计或打印中造成的数据库损坏或数据丢失现象	适当的数据处理安全措施，可以保障数据的保密性、完整性和可用性	□5—非常必要 □4—必要 □3—一般 □2—不太必要 □1—不必要	□5—非常明确 □4—明确 □3—一般 □2—模糊 □1—非常模糊	
		G93 掌握数据存储的安全措施 了解数据存储涉及的计算机网络通信的保密、安全及软件保护等问题	通过磁盘阵列、数据备份、异地容灾等手段保证数据的安全	意识到个人或团体的数据不能被其他不应获得者获得，不加密的数据库是不安全的，容易造成数据泄露	□5—非常必要 □4—必要 □3—一般 □2—不太必要 □1—不必要	□5—非常明确 □4—明确 □3—一般 □2—模糊 □1—非常模糊	
		建议增加的指标：					
	G10 数据伦理	G101 了解数据采集、使用利用和共享中的道德和伦理问题 了解数据采集和使用时的伦理问题、隐私问题	在特定学科领域（如心理学、医学、生物学等），能够采取相应措施，确保个人隐私保护	在数据时代保持开放心态和分享精神，严格坚守伦理底线	□5—非常必要 □4—必要 □3—一般 □2—不太必要 □1—不必要	□5—非常明确 □4—明确 □3—一般 □2—模糊 □1—非常模糊	

续表

维度	一级指标	二级指标			必要性	明确性	修改意见
		知识（认知层面）	技能（行为层面）	态度（情感层面）			
		G102明确个人或机构的数据所有权和知识产权			□5—非常必要 □4—必要 □3—一般 □2—不太必要 □1—不必要	□5—非常明确 □4—明确 □3—一般 □2—模糊 □1—非常模糊	
		知道数据具有知识产权，需要受到保护	根据自己熟悉的知识产权方法描述数据的知识产权	遵守包括数据在内的知识产权的合理合法使用，维护自身数据权利	□5—非常必要 □4—必要 □3—一般 □2—不太必要 □1—不必要	□5—非常明确 □4—明确 □3—一般 □2—模糊 □1—非常模糊	
个人数据伦理 G	G10 数据伦理	G103理解所在机构或学科领域的数据伦理声明，知道其与国家和地方法规、机构政策及出版商的数据要求相互作用			□5—非常必要 □4—必要 □3—一般 □2—不太必要 □1—不必要	□5—非常明确 □4—明确 □3—一般 □2—模糊 □1—非常模糊	
		明确机构的数据政策和伦理声明	合理应用数据管理或处理的相关伦理声明	遵守数据管理或处理的学科伦理准则	□5—非常必要 □4—必要 □3—一般 □2—不太必要 □1—不必要	□5—非常明确 □4—明确 □3—一般 □2—模糊 □1—非常模糊	
		G104意识到在科学研究和数据管理中，包含个人信息的数据应该受到更大程度的关注和监管					
		了解个人身份信息和非个人身份信息数据的不同	掌握个人身份信息和非个人身份信息数据的在管理和获取中的区别	收集和传播个人数据时，考虑隐私问题			

173

续表

维度	一级指标	二级指标			必要性	明确性	修改意见
		知识（认知层面）	技能（行为层面）	态度（情感层面）			
个人 G	G10 数据伦理	G105 选择确保数据机密性和隐私性的存储解决方案 了解机密数据和隐私数据的特征与存储要求	根据保密和隐私需求以及资源的可用性构建存储解决方案	主动为隐私和/或机密数据集寻求最佳的技术解决方案	□5—非常必要 □4—必要 □3—一般 □2—不大必要 □1—不必要	□5—非常明确 □4—明确 □3—一般 □2—模糊 □1—非常模糊	
		建议增加的指标：					
团队 T	T1 个人与团队成员之间的数据共享性	T11 意识到个人与团队数据共享的重要性 了解研究团队中数据共享的必要性	利用团队的合作机制，实现实验室/项目团队之间的数据共享	积极主动与团队成员共享研究数据，并明确享权益	□5—非常必要 □4—必要 □3—一般 □2—不大必要 □1—不必要	□5—非常明确 □4—明确 □3—一般 □2—模糊 □1—非常模糊	
		T12 掌握个人与团队数据共享的原则 了解个人数据和可以共享的公共数据的属性与共享范围	能够制定个人数据与团队数据的共享原则和策略	避免数据的泄露给相关利益主体造成损失	□5—非常必要 □4—必要 □3—一般 □2—不大必要 □1—不必要	□5—非常明确 □4—明确 □3—一般 □2—模糊 □1—非常模糊	
		建议增加的指标：					

续表

维度	一级指标	二级指标			必要性	明确性	修改意见
		知识（认知层面）	技能（行为层面）	态度（情感层面）			
	T2 个人数据与团队目标的相容性与一致性 T	T21 了解个人数据与团队数据规范和数据接口协议	掌握个人数据适应团队数据要求的规范性、格式的相容性、数据接口协议，达到个人数据与团队数据的相容与一致	主动使用规范的数据格式，具有合作精神与团队相容意识	□5—非常必要 □4—必要 □3——般 □2—不太必要 □1—不必要	□5—非常明确 □4—明确 □3——般 □2—模糊 □1—非常模糊	
		T22 了解个人数据与团队目标数据的兼容性与匹配性 了解个人数据与团队目标数据的兼容性与匹配性，满足团队发展总目标	利用团队数据指导自己的工作，包括条件、方法和所使用的仪器，实现团队研究总目标	主动了解团队发展目标，具有与团队发展目标相匹配的意识	□5—非常必要 □4—必要 □3——般 □2—不太必要 □1—不必要	□5—非常明确 □4—明确 □3——般 □2—模糊 □1—非常模糊	

建议增加的指标：

续表

维度	一级指标	二级指标			必要性	明确性	修改意见
		知识（认知层面）	技能（行为层面）	态度（情感层面）			
		T31 了解个人数据与团队数据的差异性					
团队 T	T3 个人数据与团队目标数	了解个人数据与团队目标数据差异性的优缺点	具有分析、评估个人数据与团队目标数据差异性的能力，并做出相应的判断	主动了解个人数据与团队数据的差异性	□5—非常必要 □4—必要 □3—一般 □2—不太必要 □1—不必要	□5—非常明确 □4—明确 □3—一般 □2—模糊 □1—非常模糊	
	据的差异性与数据的容错性	T32 了解个人数据差错及其与团队数据的容错性					
		了解个人测试、实验、分析数据时产生错误的可能性	具有甄别错误数据的技能，结合团队数据的容错性进行调整	积极提供防止数据错误的预案	□5—非常必要 □4—必要 □3—一般 □2—不太必要 □1—不必要	□5—非常明确 □4—明确 □3—一般 □2—模糊 □1—非常模糊	
		建议增加的指标：					

续表

维度	一级指标	二级指标			必要性	明确性	修改意见
		知识（认知层面）	技能（行为层面）	态度（情感层面）			
数据生态意识及数据文化 S	S1 数据生态意识及数据文化	S11 了解数据生态的意义，明白数据不是孤立存在的，数据是流动的、相互关联的，是一个生态系统	具备维护数据生态健康良性发展的意识，具备数据生态意识，推动数据生态建设	主动适应数据生态环境，了解数据生态的作用及存在的风险	□5—非常必要 □4—必要 □3—一般 □2—不大必要 □1—不必要	□5—非常明确 □4—明确 □3—一般 □2—模糊 □1—非常模糊	
		S12 主动弘扬数据文化，培养数据驱动管理与决策的思维	尊重事实，推崇理性，对产生和使用的数据负责，保证数据生产资料与公正性	严谨对待每一个数据，建立数据就是生产资料的观念	□5—非常必要 □4—必要 □3—一般 □2—不大必要 □1—不必要	□5—非常明确 □4—明确 □3—一般 □2—模糊 □1—非常模糊	
		S13 了解大数据的价值及应用领域，意识到个人小数据是大数据的一部分，了解大数据的核心价值	掌握特定领域大数据利用方法，推动数据产业良性发展，促进具有价值的大数据的交易和转让	主动适应大数据时代的到来，为大数据产业做贡献，充分释放大数据红利	□5—非常必要 □4—必要 □3—一般 □2—不大必要 □1—不必要	□5—非常明确 □4—明确 □3—一般 □2—模糊 □1—非常模糊	

建议增加的指标：

续表

维度	一级指标	二级指标			必要性	明确性	修改意见
		知识（认知层面）	技能（行为层面）	态度（情感层面）			
数据生态 S	S2 数据共享	S21 充分理解数据共享的重要性和复杂性，数据共享为科研人员、机构乃至国家的科研合作提供基础 了解基金资助方、研究机构和出版商的数据共享政策、数据共享主体的权责与规范	掌握数据共享相关技术，包括元数据描述与互操作、本体和关联数据的应用等	意识到数据共享对于推动科学研究发展、促进科研合作的重要性，以及实践中存在的障碍	□5—非常必要 □4—必要 □3—一般 □2—不太必要 □1—不必要	□5—非常明确 □4—明确 □3—一般 □2—模糊 □1—非常模糊	
		S22 了解并应用数据共享平台 了解数据共享平台的许可权限与存储介质	掌握数据共享平台在大生态圈中共享数据的模式	探讨数据共享意愿与行为的关键影响因素，如政策与权益、法律和道德、数据误解与滥用等问题	□5—非常必要 □4—必要 □3—一般 □2—不太必要 □1—不必要	□5—非常明确 □4—明确 □3—一般 □2—模糊 □1—非常模糊	

建议增加的指标：

维度	一级指标	二级指标			必要性	明确性	修改意见
		知识（认知层面）	技能（行为层面）	态度（情感层面）			
数据生态S	S3 数据生态动态平衡与调节	S31认识到数据生态是一个动态平衡的过程，并具备自我调节能力 意识到当数据生态发展到达成熟的建设阶段时，各类数据的比重、数量和流量趋于稳重、系统生态环境达到平衡	完善生态系统中的各个要素，协调各要素之间的关系和比例是数据生态系统建设和数据生态环境健康优化的关键	从观念上要重视数据失衡现象，从国家层面树立数据失衡的危机意识	□5—非常必要 □4—必要 □3——般 □2—不太必要 □1—不必要	□5—非常明确 □4—明确 □3——般 □2—模糊 □1—非常模糊	
	建议增加的指标：						
	S4 数据生态法规建设	S41具有数据生态安全的法制意识，懂得数据生态法律法规系统中的各种法律法规	建立全面、完整、结构严谨的数据生态法规，将数据资源管理、跨国界数据交流、网络建设、数据服务等工作纳入法制	主动适应国家数据生态的法规；主动维护数据安全	□5—非常必要 □4—必要 □3——般 □2—不太必要 □1—不必要	□5—非常明确 □4—明确 □3——般 □2—模糊 □1—非常模糊	
	建议增加的指标：						

续表

维度	一级指标	二级指标			必要性	明确性	修改意见
		知识（认知层面）	技能（行为层面）	态度（情感层面）			
数据生态 S	S5 数据教育与培训	S51 认识到主动接受数据教育与培训的必要性 了解接受数据教育与培训的重要性	主动接受数据教育与培训，掌握数据相关技能，具有数据素养	找到适合自己的数据素养教育或培训的内容和途径	□5—非常必要 □4—必要 □3—一般 □2—不太必要 □1—不必要	□5—非常明确 □4—明确 □3—一般 □2—模糊 □1—非常模糊	
建议增加的指标：							

请您对整个指标体系提出意见或建议

本问卷的专家咨询内容到此结束，再次感谢您对本研究的支持，感谢您贡献的宝贵智慧！

附录4 "科学数据素养能力指标体系"
专家评议问卷（第二轮）

尊敬的专家：

您好！在您的大力支持下，第一轮专家评议工作已经顺利完成。在此，我们向您付出的宝贵时间与精力表示万分的感谢！

通过对第一轮专家评议数据的统计分析，结合专家提出的修改意见，我们对指标体系进行了全面修改，并形成第二轮专家评议问卷。在此，真诚地邀请您继续给予指导和帮助，帮忙在百忙之中完成此份评议问卷，衷心感谢！

一、指标内容评议（见表1）

1）请您判断第一轮评议中未达成共识的指标的必要性，并在"必要性"一栏中相应的等级代码处勾选（5非常必要；4必要；3一般；2不太必要；1不必要）；

2）请您评议所有经修改过的指标描述的明确性，并在"明确性"一栏中相应的等级代码处勾选（5非常明确；4明确；3一般；2模糊；1非常模糊）；

3）如您对各项指标提出修改意见，请填写于"修改意见"一栏中；

4）请您提出对整个指标体系的意见或建议。

二、指标权重评议（见表2）

5）请您对每个二级指标的知识（认知层面）、技能（行为层面）、态度（情感层面）3个层面进行评定，针对该指标，请您根据重要性进行评定，并将相应的数字填入空白处（3最重要；2比较重要；1相对不重要）；

6）请您对"一级指标"和"指标维度"的重要性等级进行评定，将相应的重要性标度数值填入空格中。

如果您关于本调查问卷有任何问题或疑问，请联系sciencedata@126.com。

专家姓名_____　专业_____　职称_____

表 1 "科学数据素养能力指标体系" 指标内容评议表（第一轮）

维度	一级指标	二级指标			必要性	明确性	修改意见
		知识（认知层面）	技能（行为层面）	态度（情感层面）			
个人 G	G1 数据意识	G11 认识到数据在科学研究与学术交流中的重要作用					
		了解科学数据的基本概念、产生过程与获取途径	能够熟练应用数据进行科学研究与学术交流	以严谨认真的态度对待科研过程中产生的数据，保持对数据的敏感性	必备指标	□5—非常明确 □4—明确 □3—一般 □2—模糊 □1—非常模糊	
		请按照知识、技能、态度的重要性排序					
		G12 了解数据具有原始创建价值以及重复利用和长期使用价值					
		认识到数据中蕴含着信息与知识	了解如何通过数据挖掘来发现知识	能够判断有价值的数据，同时了解数据的局限性	必备指标	□5—非常明确 □4—明确 □3—一般 □2—模糊 □1—非常模糊	
		请按照知识、技能、态度的重要性排序					
		G13 将批判性思维贯穿于数据处理与应用的整个过程					
		了解与数据相关的高级问题和挑战	开展数据工作时进行批判性思考	基于特定的标准和情境，对数据做出辨识与判断	必备指标	□5—非常明确 □4—明确 □3—一般 □2—模糊 □1—非常模糊	
		请按照知识、技能、态度的重要性排序					

续表

维度	一级指标	二级指标			必要性	明确性	修改意见
		知识（认知层面）	技能（行为层面）	态度（情感层面）			
个人 G	G1 数据意识	G14 了解自己在学习或科研工作中的数据需求			必备指标		
	请按照知识、技能、态度的重要性排序	了解本专业或本领域的数据种类及其来源	能够通过多种渠道获取所需数据，创建新的数据	判断和评估数据需求的满足程度与利益成本		□5—非常明确 □4—明确 □3—一般 □2—模糊 □1—非常模糊	
	G2 数据收集	G21 识别各种类型的数据，掌握数据检索与获取的基本技能（与G23合并）					
	请按照知识、技能、态度的重要性排序	了解本学科领域的数据类型与数据格式，了解数据检索方法与获取途径	根据需求有效选择不同方式（如调查、实验等）或工具获取数据，并以适当的格式保存数据文档	展现思维的灵活性与创造性，探讨不同数据检索与获取途径的优点和缺点（与G23合并）	□5—非常必要 □4—必要 □3—一般 □2—不太必要 □1—不必要	□5—非常明确 □4—明确 □3—一般 □2—模糊 □1—非常模糊	
		G22 利用与科研课题相关的数据存储库					
	请按照知识、技能、态度的重要性排序	熟悉数据存储库的组织方式，以便获取并存储相关数据	基于对数据库中常用主题和数据通用属性的了解，合理利用数据库存储数据	根据研究主题，对数据库的选择做出判断，评估可信数据来源与数据集质量	□5—非常必要 □4—必要 □3—一般 □2—不太必要 □1—不必要	□5—非常明确 □4—明确 □3—一般 □2—模糊 □1—非常模糊	

续表

维度	一级指标	二级指标 知识（认知层面）	技能（行为层面）	态度（情感层面）	必要性	明确性	修改意见
个人 G	G2 数据收集	G24 重复利用数据时，考虑数据集的权威性和质量（元数据、文档注释等） 请按照知识、技能、态度的重要性排序：了解数据集评价以及相关评价工具和流程	批判性地选择数据集，结合其元数据质量和文档注释规范等	考虑由研究问题与目标所决定的与数据重复利用相关的关键因素	必备指标	□5—非常明确 □4—明确 □3—一般 □2—模糊 □1—非常模糊	
		G25 数据采集过程中的数据质量保证，避免数据错误与数据损坏 请按照知识、技能、态度的重要性排序：了解实验室设备操作规程，知晓可能存在的数据错误和数据损坏问题	积极采取措施防止数据错误和数据损坏，包括采集前规定单位、数据格式、数据字段与格式、交互流程控制，以及人为操作、计算机文件创建与转换、设备校正等	意识到在数据采集过程中采取的有效措施能够在数据生命周期中对数据质量产生积极影响	必备指标	□5—非常明确 □4—明确 □3—一般 □2—模糊 □1—非常模糊	

续表

维度	一级指标	二级指标			必要性	明确性	修改意见
		知识（认知层面）	技能（行为层面）	态度（情感层面）			
个人 G	G3 数据分析	G31 根据研究任务的需要，了解并应用数据分析工具与技术 请按照知识、技能、态度的重要性排序					
		了解数据清洗、统计、图形分析等相关工具的使用方法与应用领域	根据数据分析的流程和规范，使用适合研究项目目的分析工具	探讨如何在更广泛的学科范围内使用数据分析工具与技术	必备指标	明确性已达标	
		G32 了解数据分析基本步骤，掌握数据格式转换方法（与G34合并） 请按照知识、技能、态度的重要性排序			□5—非常必要 □4—必要 □3—一般 □2—不大必要 □1—不必要	□5—非常明确 □4—明确 □3—一般 □2—模糊 □1—非常模糊	
		了解数据分析流程，了解学科领域的数据标准（如元数据、数据格式等）	制定数据分析方案，进行分析与结果评估，改进分析流程	与本学科或其他学科专家一起讨论和验证数据分析质量，以确保数据研究质量			
		G33 掌握数据可视化方法，评估数据可视化的有效性 请按照知识、技能、态度的重要性排序			必备指标	明确性已达标	
		了解学科领域常用的数据可视化类型；了解造成数据展示模糊性和误导性的原因	根据学科研究方案，创建有意义的图表进行数据组织与展示；选择减少模糊性和误导性的其他数据展示方法	对数据可视化做出合理决策，探讨不同可视化类型的作用和意义			

续表

维度	一级指标	二级指标			必要性	明确性	修改意见
		知识（认知层面）	技能（行为层面）	态度（情感层面）			
个人G	G3 数据分析	G35 能够对采集到的数据进行描述性分析或探索性分析					
		请按照知识、技能、态度的重要性排序			必备指标	□5—非常明确 □4—明确 □3—一般 □2—模糊 □1—非常模糊	
		理解数据集中的数据意义	能够使用研究工具和权威指标检验数据的正确性，采集数据中识别明显错误或无效数据	判断数据中存在的偏差与矛盾			
	G4 数据保存	G41 明确数据保存需求，了解数据保存成本（人力、技术、资金等）（与G43合并）					
		请按照知识、技能、态度的重要性排序			□5—非常必要 □4—必要 □3—一般 □2—不太必要 □1—不必要	□5—非常明确 □4—明确 □3—一般 □2—模糊 □1—非常模糊	
		了解适用于不同类型和容量的数据集的保存方案、访问限制、共享要求、保存成本等	掌握学科领域或定类型数据的最佳保存方法	在确定最佳保存方案时寻求专业帮助，并积极采用数据保存的最佳实践以保证数据能够重用			

续表

维度	一级指标	二级指标			必要性	明确性	修改意见
		知识（认知层面）	技能（行为层面）	态度（情感层面）			
个人G	G4 数据保存	**G42 合理制定数据保存方案** 请按照知识、技能、态度的重要性排序 了解工作流程中按照一定逻辑和方法制定的数据保存计划	通过定期备份、异地备份，损失预防、版本控制等合理组合保存方法，制定综合保存方案	意识到数据保存的重要性与长远意义，防止由于操作失误或系统故障导致数据丢失	必备指标	□5—非常明确 □4—明确 □3—一般 □2—模糊 □1—非常模糊	
		G44 按照重要性划分数据保存等级，将独特的研究数据集或那些不易被重新创建的数据集作为重点保存对象 请按照知识、技能、态度的重要性排序 理解数据分级存储的必要性	区分哪些数据需要重点保存或长期保存，哪些不需要	认识到数据保存对于数据的科学记录、研究的可重复性与数据共享的重要性	必备指标	□5—非常明确 □4—明确 □3—一般 □2—模糊 □1—非常模糊	
	G5 数据管理	**G51 认识到数据具有生命周期，并且在生命周期的每个阶段有特定的数据管理任务** 请按照知识、技能、态度的重要性排序 了解数据创建、处理、分析、保存、再利用等利用生命周期各阶段的数据管理任务	实施数据管理计划，了解其如何与科研生命周期的特定阶段相关联	意识到数据管理不善可能会带来危害，按要求完成数据管理任务	□5—非常必要 □4—必要 □3—一般 □2—不大必要 □1—不必要	□5—非常明确 □4—明确 □3—一般 □2—模糊 □1—非常模糊	

续表

维度	一级指标	二级指标			必要性	明确性	修改意见
		知识（认知层面）	技能（行为层面）	态度（情感层面）			
个人 G	G5 数据管理	G52 了解数据管理流程，熟悉并利用不同的数据管理平台和工具			□5—非常必要 □4—必要 □3——般 □2—不大必要 □1—不必要	□5—非常明确 □4—明确 □3——般 □2—模糊 □1—非常模糊	
		了解"数据管理计划（DMP）"的组成部分、具体内容和要求	利用合适的工具按照数据管理计划组织和管理平台组织和管理科研数据	理解数据管理计划作为科研工作不可或缺的组织文件的重要性，探讨如何将其有效应用于研究项目			
		请按照知识、技能、态度的重要性排序					
		G53 知道如何使用元数据进行研究成果的标识、发现、评价和管理（与G54合并）			□5—非常必要 □4—必要 □3——般 □2—不大必要 □1—不必要	□5—非常明确 □4—明确 □3——般 □2—模糊 □1—非常模糊	
		了解研究项目与学科领域的元数据标准，创建元数据描述方案	掌握利用元数据进行数据管理、质量控制、数据再发现与再利用的方法	认识到元数据在研究成果传播与发现中的应用价值，不断完善和改进元数据标准			
		请按照知识、技能、态度的重要性排序					

续表

维度	一级指标		二级指标			必要性	明确性	修改意见
			知识（认知层面）	技能（行为层面）	态度（情感层面）			
个人 G	G6 数据评价	G61 掌握数据质量评价的基本流程和方法	了解对数据质量进行评价的方法和过程	对数据的采集、存储和应用进行全面的考察和评价	从数据综合应用的角度考虑，提高数据的可信度和有效性，为数据应用提供更有利的基础	必备指标	□5—非常明确 □4—明确 □3—一般 □2—模糊 □1—非常模糊	
		请按照知识、技能、态度的重要性排序					□5—非常明确 □4—明确 □3—一般 □2—模糊 □1—非常模糊	
		G62 解读数据所反映的内在规律和发展趋势	了解通过数据识别问题的基本方法	分析、总结已有数据，提炼知识，发现问题，预测发展趋势	认识到不同条件（时间、环境等）的数据能够反映和解决不同的问题	必备指标	□5—非常明确 □4—明确 □3—一般 □2—模糊 □1—非常模糊	
		请按照知识、技能、态度的重要性排序						
		G63 掌握数据驱动决策的基本方法，利用数据的分析结果支撑研究结论、预测未来研究方向	确定从数据中提取信息的优级	将数据转化为可以指导实践的信息或知识	衡量基于数据驱动的解决方案决策的优点和影响	必备指标	□5—非常明确 □4—明确 □3—一般 □2—模糊 □1—非常模糊	
		请按照知识、技能、态度的重要性排序						

续表

维度	一级指标	二级指标			必要性	明确性	修改意见
		知识（认知层面）	技能（行为层面）	态度（情感层面）			
个人 G	G7 数据引用	G71 了解数据引用的基本规范和重要作用					
		了解数据引用的国家标准和基本规范	掌握数据引用的基本要素，包括数字对象唯一标识符、标题、作者和出版时间等	认识到数据引用是支持数据访问、共享和再利用的一种重要方法，建立良好的数据引用机制是数据中心、研究人员以及期刊出版商等的共同责任	必备指标	□5—非常明确 □4—明确 □3——般 □2—模糊 □1—非常模糊	
		请按照知识、技能、态度的重要性排序					
		G72 掌握数据引用相关数据资源					
		了解各类数据资源引用的标准著录格式	掌握科学数据引用的路径选择，如著作、学术论文、数据中心等	区别数据的引文格式与其他文献资源的不同	必备指标	□5—非常明确 □4—明确 □3——般 □2—模糊 □1—非常模糊	
		请按照知识、技能、态度的重要性排序					

续表

维度	一级指标	二级指标			必要性	明确性	修改意见
		知识（认知层面）	技能（行为层面）	态度（情感层面）			
个人 G	G8 数据交流	G81 通过口头或书面等方式进行有效的数据表达和交流和结论			必备指标	□5—非常明确 □4—明确 □3—一般 □2—模糊 □1—非常模糊	
		请按照知识、技能、态度的重要性排序					
		了解数据分析结果所代表的研究论点、论据和结论	利用数据展示的工具和方法，策划合适的数据呈现或表达形式	有效评估受众需求和数据主题的相关度			
		G82 通过数据出版，促进科学研究价值的体现和数据集的再利用			必备指标	明确性已达标	
		请按照知识、技能、态度的重要性排序					
		了解数据出版的类型和一般流程	选择合适的数据出版模式，包括公共科学数据仓储、机构库、期刊发表等	探讨数据出版对于促进科学交流和提升出版者及其所在机构影响力的重要作用			
	G9 数据安全	G91 掌握数据防护的安全措施			必备指标	明确性已达标	
		请按照知识、技能、态度的重要性排序					
		了解进行数据防护的现代信息存储手段	采取文档透明加密、数据安全隔离、内容智能识别、网络拦截等一种或多种技术手段，实现数据防泄密	意识到数据防护是一种主动的安全防护措施			

续表

维度	一级指标	二级指标			必要性	明确性	修改意见
		知识（认知层面）	技能（行为层面）	态度（情感层面）			
个人 G	G9 数据安全	**G92 掌握数据处理的安全措施**					
		了解数据处理中可能存在硬件故障、人为误操作、程序缺陷、病毒或黑客等安全隐患	有效防止数据在录入、处理、统计或打印中造成数据丢失、损坏或黑客现象	适当的数据处理安全措施，可以保障数据的保密性、完整性和可用性	必备指标	明确性已达标	
		请按照知识、技能、态度的重要性排序					
		G93 掌握数据存储的安全措施					
		了解数据存储涉及的计算机网络通信的保密、安全及软件保护等问题	通过磁盘阵列、数据备份、异地容灾等手段保证数据的安全	意识到个人或团体的数据不应被其他不应获得者获得，不加密的数据是不安全的，容易造成数据泄密	必备指标	明确性已达标	
		请按照知识、技能、态度的重要性排序					
	G10 数据伦理 G	**G101 了解数据采集、使用和共享中的道德和伦理问题**					
		了解数据采集和使用中的伦理、隐私问题	能够采取相应措施，确保采集涉及个人隐私、道德规范等数据的保护	在数据时代保持开放心态和分享精神，同时严守数据的伦理底线	必备指标	□5—非常明确 □4—明确 □3—一般 □2—模糊 □1—非常模糊	
		请按照知识、技能、态度的重要性排序					

续表

维度	一级指标	二级指标			必要性	明确性	修改意见
		知识（认知层面）	技能（行为层面）	态度（情感层面）			
个人 G	G10 数据伦理	**G102 明确个人或机构的数据所有权和知识产权**					
		请按照知识、技能、态度的重要性排序			必备指标	□5—非常明确 □4—明确 □3—一般 □2—模糊 □1—非常模糊	
		了解数据具有知识产权，需要受到保护	利用多元的知识产权保护形式制定数据的知识产权保护策略	遵守包括数据产权在内的知识合法使用、维护个人或机构的数据权利			
		G103 理解所在机构或学科领域的数据伦理声明，明白其与国家和地方法规、机构政策及出版商的数据要求相互关联					
		请按照知识、技能、态度的重要性排序			必备指标	□5—非常明确 □4—明确 □3—一般 □2—模糊 □1—非常模糊	
		了解所在机构的数据政策和伦理声明	合理应用数据管理或处理的相关伦理声明	遵守数据管理或数据管理处理的学科伦理准则			
		G104 认识到在科学研究和数据管理中，包含个人隐私的数据应该受到更大程度的监管					
		请按照知识、技能、态度的重要性排序			□5—非常必要 □4—必要 □3—一般 □2—不太必要 □1—不必要	□5—非常明确 □4—明确 □3—一般 □2—模糊 □1—非常模糊	
		了解涉及个人身份信息和非个人身份信息数据的不同	掌握个人身份信息和非个人身份信息数据在管理和获取中的区别	收集和传播个人数据时，考虑隐私问题			

续表

维度	一级指标	二级指标			必要性	明确性	修改意见
		知识（认知层面）	技能（行为层面）	态度（情感层面）			
个人G	G10 数据伦理	G105选择确保数据机密性和隐私性的存储解决方案			必备指标	□5—非常明确 □4—明确 □3—一般 □2—模糊 □1—非常模糊	
	请按照知识、技能、态度的重要性排序	了解机密数据和隐私数据的特征与存储要求	根据保密需求以及资源的可用性构建存储解决方案	主动为隐私和/或机密数据集寻求最佳的技术解决方案			
团队T	T1 个人与团队成员之间的数据共享性	T11意识到个人与团队数据共享的重要性			必备指标	□5—非常明确 □4—明确 □3—一般 □2—模糊 □1—非常模糊	
	请按照知识、技能、态度的重要性排序	了解研究团队中数据共享的必要性	在团队工作机制下，提交研究数据，实现个人与实验室/项目目团队成员之间的数据共享	积极主动与团队成员共享研究数据，并明确共享权益			
		T12掌握个人与团队数据共享的原则			必备指标	明确性已达标	
	请按照知识、技能、态度的重要性排序	了解个人数据和可以共享的公共数据的属性与范围	能够制定个人数据与团队数据的共享原则和策略	避免数据的泄露给相关利益主体造成损失			

续表

维度	一级指标	二级指标	知识（认知层面）	技能（行为层面）	态度（情感层面）	必要性	明确性	修改意见
团队 T	T2 个人数据与团队目标数据的相容性与一致性	T21 了解个人数据与团队数据的规范的规范数据接口协议 请按照知识、技能、态度的重要性排序	了解团队数据规范和数据接口协议	掌握个人数据应适团队数据要求的规范性、格式的相容性、数据接口协议，达到个人数据与团队数据的相容与团队数据一致	主动使用规范的数据格式，具有合作精神与团队相容意识	必备指标	明确性已达标	
		T22 了解个人数据与团队目标数据的兼容性与匹配性 请按照知识、技能、态度的重要性排序	了解目标数据与团队目标数据的兼容性与匹配性，满足团队发展总目标	利用团队数据指导自己的工作，包括条件和所使用的仪器，实现团队研究总目标	主动了解团队发展目标，具有与团队发展目标相匹配的意识	必备指标	□5—非常明确 □4—明确 □3—一般 □2—模糊 □1—非常模糊	

续表

维度	一级指标	二级指标			必要性	明确性	修改意见
		知识（认知层面）	技能（行为层面）	态度（情感层面）			
团队 T	T3 个人数据与团队目标数据	T31 了解个人数据与团队数据的差异性所反映的价值					
		了解个人数据与团队目标数据差异性的优缺点和缺点	具有分析、评估个人数据与团队目标数据差异性的能力，并做出相应判断	主动探讨个人数据与团队数据差异性所反映的问题与产生	□5—非常必要 □4—必要 □3—一般 □2—不太必要 □1—不必要	□5—非常明确 □4—明确 □3—一般 □2—模糊 □1—非常模糊	
		请按照知识、技能、态度的重要性排序					
		T32 了解个人数据差异及其与团队数据的容错性					
		了解个人测试、实验、分析数据时产生错误的可能性	具有甄别错误数据的技能，结合团队数据的容错性进行调整	积极提供防止数据错误的预案	必备指标	明确性已达标	
		请按照知识、技能、态度的重要性排序					
数据生态 S	S1 数据生态意识及数据文化	S11 了解数据生态的意义，具备维护数据生态健康良性发展的意识					
		认识到网络化数据社会与现实社会有机融合、互动以及协调	推动数据生态建设，适应数据感知、管理、分析与应用的新一代信息技术架构的闭环生态系统	主动适应数据生态环境，了解数据生态的意义及存在的风险	必备指标	□5—非常明确 □4—明确 □3—一般 □2—模糊 □1—非常模糊	
		请按照知识、技能、态度的重要性排序					

196

维度	一级指标	二级指标			必要性	明确性	修改意见
		知识（认知层面）	技能（行为层面）	态度（情感层面）			
数据生态 S	S1 数据文化意识及数据生态	S12 主动弘扬数据文化，尊重事实，推崇理性					
		了解数据文化，培养数据驱动管理与决策的思维	对创建和所使用的数据负责，保证数据的准确性与公正性	严谨对待每一个数据，建立数据就是生产资料的观念	必备指标	明确性已达标	
		请按照知识、技能、态度的重要性排序					
		S13 了解大数据的价值及其在相关领域中的应用与进展					
		认识到个人小数据是大数据的一部分，了解大数据的特征与核心价值	掌握相关领域大数据的利用方法，推动数据产业良性发展，促进具有价值的大数据的交易和转让	主动适应大数据时代的到来，为大数据产业做贡献，充分释放大数据红利	必备指标	□5—非常明确 □4—明确 □3—一般 □2—模糊 □1—非常模糊	
		请按照知识、技能、态度的重要性排序					
	S2 数据共享	S21 充分理解数据共享的重要性和复杂性，数据共享为科研人员、机构乃至全国家的科研合作提供基础					
		了解基金资助方、研究机构和出版商的数据共享政策，本数据共享主体的权责与规范	掌握数据共享相关技术，包括元数据描述与互操作，本相关联数据的应用等	意识到数据共享对于推动数据科学研究发展，避免重复浪费，促进科研合作的重要性，以及实践中存在的障碍	必备指标	□5—非常明确 □4—明确 □3—一般 □2—模糊 □1—非常模糊	
		请按照知识、技能、态度的重要性排序					

续表

维度	一级指标	二级指标			必要性	明确性	修改意见
		知识（认知层面）	技能（行为层面）	态度（情感层面）			
数据生态 S	S2 数据共享	S22 了解并应用学科相关的数据共享平台			必备指标		
		了解数据共享平台的资源类型与服务制度、内容和方式	掌握相关学科领域数据共享平台的运行机制与使用方法	探讨数据共享意愿与行为的关键影响因素，如政策与权益、法律和道德、数据误用与滥用等问题		☐5—非常明确 ☐4—明确 ☐3—一般 ☐2—模糊 ☐1—非常模糊	
		请按照知识、技能、态度的重要性排序					
	S3 数据生态动态平衡与调节	S31 认识到数据生态是一个动态平衡的过程，具备主动适应数据动态变化和数据更新的能力					
		了解数据生态建设和发展中各类数据的比重、数量及应用服务的动态平衡过程	完善生态系统中的各个要素，协调各要素之间的关系和比例，促进数据生态系统建设和数据生态环境优化	主动适应数据动态变化与数据更新，从观念上树立数据失衡的危机意识	☐5—非常必要 ☐4—必要 ☐3—一般 ☐2—不太必要 ☐1—不必要	☐5—非常明确 ☐4—明确 ☐3—一般 ☐2—模糊 ☐1—非常模糊	
		请按照知识、技能、态度的重要性排序					

续表

维度	一级指标		二级指标			必要性	明确性	修改意见
			知识（认知层面）	技能（行为层面）	态度（情感层面）			
S 数 据 生 态	S4 数据生 态法规 建设	S41 具有数据生态安全的法制意识						
		请按照知 识、技能、 态度的重 要性排序	具有数据生态安全 的法制意识，懂得 数据生态系统中的 各种法律法规	建立全面、完整、 结构严谨的数据生 态法规，推进将数 据资源管理、跨国 界数据交流、网络 建设、数据服务等 工作纳入法制	主动适应国家数据 生态的法规，主动 维护数据安全	必备指标	明确性已达标	
	S5 数据 教育 与培 训	S51 认识到主动接受数据教育与培训的必要性						
		请按照知 识、技能、 态度的重 要性排序	了解接受数据教育 与培训的重要性	主动接受数据教育 与培训，掌握数据 相关知识与技能， 提升数据素养能力	寻找适合自己的数 据素养教育或培训 的内容和途径	必备指标	明确性已达标	

请您对整个指标体系提出意见或建议

表2 "科学数据素养能力指标体系"指标权重评议表

填表说明：1.请对个人（G）维度下的10个一级指标的重要性进行两两比较，并将相应的比较标度填入空格中；

2.请对团队（T）维度下的3个一级指标的重要性进行两两比较，并将相应的比较标度填入空格中；

3.请对数据生态（S）维度中5个一级指标的重要性进行两两比较，并将相应的比较标度填入空格中；

4.请对个人（G）、团队（T）、数据生态（S）3个维度的重要性进行两两比较，并将相应的比较标度填入空格中；

5.请按照左上角的准则，将左侧一列的元素分别与最上一行各元素进行比较，重要性标度参见下表；由于矩阵是对称的，因此只需对下三角矩阵元素进行判定打分。

重要性标度表

重要性标度	含义
1	表示两个元素相比，具有同等重要性
3	表示两个元素相比，前者比后者稍重要
5	表示两个元素相比，前者比后者明显重要
7	表示两个元素相比，前者比后者强烈重要
9	表示两个元素相比，前者比后者极端重要
2，4，6，8	表示上述判断的中间值
倒数值	若元素i与元素j的重要性之比为a_{ij}，则元素j与元素i的重要性之比为$a_{ji}=1/a_{ij}$

（1）个人（G）维度判断矩阵

G 个人	G1 数据意识	G2 数据收集	G3 数据分析	G4 数据保存	G5 数据管理	G6 数据评价	G7 数据引用	G8 数据交流	G9 数据安全	G10 数据伦理
G1数据意识	1									
G2数据收集		1								
G3数据分析			1							
G4数据保存				1						
G5数据管理					1					
G6数据评价						1				

G 个人	G1 数据意识	G2 数据收集	G3 数据分析	G4 数据保存	G5 数据管理	G6 数据评价	G7 数据引用	G8 数据交流	G9 数据安全	G10 数据伦理
G7 数据引用							1			
G8 数据交流								1		
G9 数据安全									1	
G10 数据伦理										1

（2）团队（T）维度判断矩阵

T 团队	T1 个人与团队成员之间的数据共享性	T2 个人数据与团队目标数据的相容性与一致性	T3 个人数据与团队目标数据的差异性与容错性
T1 个人与团队成员之间的数据共享性	1		
T2 个人数据与团队目标数据的相容性与一致性		1	
T3 个人数据与团队目标数据的差异性与容错性			1

（3）数据生态（S）维度判断矩阵

	S1 数据生态意识及数据文化	S2 数据共享	S3 数据生态动态平衡与调节	S4 数据生态法规建设	S5 数据教育与培训
S1 数据生态意识及数据文化	1				
S2 数据共享		1			
S3 数据生态动态平衡与调节			1		
S4 数据生态法规建设				1	
S5 数据教育与培训					1

（4）三个维度判断矩阵

	G 个人	T 团队	S 数据生态
G个人	1		
T团队		1	
S数据生态			1

　　本问卷的专家咨询内容到此结束，再次感谢您对本研究的支持，感谢您贡献的宝贵智慧！

附录5 科学数据素养能力指标体系

维度	一级指标	二级指标	知识（认知层面）	技能（行为层面）	态度（情感层面）
G 个人	G1 数据意识	G11 认识到数据在科学研究与学术交流中的重要作用	了解科学数据的基本概念、产生过程与获取途径	能够熟练应用数据进行科学研究与学术交流	以严谨认真的态度对待科研过程中产生的数据，保持对数据的敏感性
		G12 了解自己在学习或科研工作中的数据需求		能够通过多种渠道获取所需数据，创建与更新的数据	判断和评估数据需求的满足程度与利益成本
		G13 了解数据具有原始创建价值以及重复利用和长期使用价值	认识到数据中蕴含着信息与知识	了解如何通过数据挖掘来发现知识	能够判断有价值的数据，同时了解数据的局限性
		G14 将判断性思维贯穿于数据处理与应用的整个过程	了解与数据相关的高级问题和挑战	开展数据工作时进行批判性思考	基于特定的标准和情境，对数据做出辨识判断
	G2 数据收集	G21 识别各种类型的数据，掌握数据检索与获取的基本技能	了解本学科领域的数据类型与数据格式，了解数据检索方法与获取途径	根据数据需求有效选择不同方式（如调查、访谈、实验等）或工具获取数据，并以适当的格式保存数据文档	展现思维的灵活性与创造性，探讨不同数据获取途径的优点和缺点
		G22 利用与科研课题相关的数据存储库			

续表

维度	一级指标	二级指标		
		知识（认知层面）	技能（行为层面）	态度（情感层面）
G 个 人	G2 数据收集	熟悉数据存储的组织方式，以便表取并存储相关数据	基于对数据库中常用主题和数据通用属性的了解，合理利用数据存储库	根据研究主题，对数据库的选择做出判断，评估可信数据来源与数据集质量
		G23 数据采集过程中的数据质量保证，避免数据错误与数据损坏		
		了解实验室设备和操作规程，知晓可能存在的数据错误和数据损坏问题	积极采取措施防止数据错误和数据损坏，包括采集前规定测量单位、数据字段与格式，数据交互过流程控制，以及人为操作、计算机文件创建与转换、设备校正等	意识到在数据采集过程中采取的有效措施能够在数据生命周期中对数据质量产生积极影响
		G24 重复利用数据时，考虑数据集的权威性和质量（元数据、文档注释等）		
		了解数据集评价以及相关评价工具和流程	批判性地选择数据集，结合其元数据和文档注释规范等	考虑由研究问题与目标所决定的与数据重复利用相关的关键因素
	G3 数据分析	G31 根据研究任务的需要，了解并应用数据分析工具与技术		
		了解数据清洗、统计、图形分析等相关工具的使用方法与应用领域	根据数据分析的流程，合研究项目的分析工具	探讨如何在更广泛的学科范围内使用合适的数据分析工具与技术
		G32 了解数据分析基本步骤，掌握数据格式转换方法		
		了解数据分析流程，了解学科领域的数据标准（如元数据、数据格式等）	制定数据分析方案，进行数据分析与结果转换方法	与本学科或其他学科专家一起探讨和验证数据分析方案，以确保研究质量

维度	一级指标	二级指标		
		知识（认知层面）	技能（行为层面）	态度（情感层面）
G个人	G3数据分析	G33 能够对采集到的数据进行描述性分析或探索性分析		
		理解数据集中的数据意义	能够使用研究工具和权威指标检验所采集数据的正确性，识别明显错误数据或无效数据	判断数据中存在的偏差与矛盾
		G34 掌握数据可视化方法，评估数据可视化类型；了解造成数据展示模糊性和误导性的原因	根据研究方案，创建有意义的图表进行数据组织与展示；选择减少模糊性和误导性的其他数据展示方法	对数据可视化做出合理决策，探讨不同可视化类型的作用和意义
	G4数据保存	G41 明确数据保存需求，了解数据保存成本	了解适用于不同类型和容量的研究数据的保存方案、访问限制、共享要求、保存成本等	在确定最佳保存方案时寻求专业帮助，并积极采用数据保存的最佳实践以保证数据能够重复利用
			掌握学科领域或特定类型数据的最佳保存方法	
		G42 能够合理制定数据保存方案		
		了解工作流程中按照一定逻辑和常规方法制定的数据保存计划	通过定期备份、异地备份、损失预防、版本控制等合理组合保存方法，制定综合保存方案	意识到数据保存的重要性与长远意义，防止由于操作失误或系统故障导致数据丢失
		G43 按照重要性划分数据保存等级，将独特的研究数据集或那些不易被重新创建的数据集作为重点保存对象		

续表

维度	一级指标	二级指标		
		知识（认知层面）	技能（行为层面）	态度（情感层面）
G个人	G4数据保存	理解数据分级存储的必要性	区分哪些数据需要重点保存或长期保存，哪些不需要	认识到数据保存对于数据的科学记录、研究的可重复性与数据共享的重要性
		G51认识到数据具有生命周期，并且在生命周期的每个阶段有特定的数据管理任务 了解数据创建、处理、分析、保存、再利用等生命周期各阶段的数据管理任务	实施数据管理计划，了解其如何与科研生命周期的特定阶段相关联	意识到数据管理不善可能会带来危害，按要求完成数据管理任务。
	G5数据管理	G52了解数据管理流程，熟悉并利用不同的数据管理平台工具 了解"数据管理计划（DMP）"的组成部分、具体内容和要求	利用合适的数据管理平台和工具按照数据管理计划组织科研数据	理解数据管理计划作为科研工作不可或缺的组织文件的重要性，探讨如何将其有效应用于研究项目
		G53知道如何使用元数据进行研究成果的标识、发现、评价和管理 了解研究项目与学科领域的元数据标准，创建元数据描述方案	掌握利用元数据进行数据管理、质量控制、数据再利用与再发现的方法	认识到元数据在研究成果传播与发现中的应用价值，不断完善和改进元数据标准
	G6数据评价	G61掌握数据质量评价的基本流程和方法 了解对数据质量进行评价的方法和过程	对数据的采集、存储和应用进行全面的考察和评价	从数据综合应用的角度考虑，提高数据的可信度和有效性，为数据应用提供更有利的基础

续表

维度	一级指标	二级指标		
		知识（认知层面）	技能（行为层面）	态度（情感层面）
G 个人	G6数据评价	G62 了解解读数据所反映的内在规律和发展趋势		
		了解通过数据识别问题的基本方法	分析、总结已有数据，提炼知识，发现问题，预测发展趋势	认识到不同条件（时间、环境等）的数据能够反映和解决不同的问题
		G63掌握数据驱动决策的基本方法，利用数据的分析结果支撑研究结论，预测未来研究方向		
		确定从数据中提取信息的优先级	将数据转化为可以指导实践的信息或知识	衡量基于数据驱动的解决方案/决策的优点和影响
	G7数据引用	G71 了解数据引用的基本规范和重要作用		
		了解数据引用的国家标准和基本规范	掌握数据引用的基本要素，包括数字对象唯一标识符、标题、作者和出版时间等	认识到数据引用是支持数据访问、共享和再利用的一种重要方法，建立良好的数据引用机制是数据出版商、研究人员以及期刊出版中心等的共同责任
		G72掌握数据引用的基本方法，在科学研究和创作中正确引用相关数据资源		
		了解各类数据资源引用的标准著录格式	掌握科学数据引用的路径选择，如著作、学术论文、数据中心等	区别数据的引文格式与其他文献资源的不同
	G8数据交流	G81 通过口头或书面等方式进行有效的数据表达和交流		
		了解数据分析结果所代表的研究论点，论据和结论	展示研究论点，策划合适的数据呈现或表达形式	有效评估受众需求和数据主题的相关度
		利用数据展示的工具和方法		

续表

维度	一级指标	二级指标		
		知识（认知层面）	技能（行为层面）	态度（情感层面）
G 个人	G8 数据交流	G82 通过数据出版，促进科学研究价值的体现和数据集的再利用 了解数据出版的类型和一般流程	选择合适的数据出版模式，包括公共科学数据仓储、机构库、期刊发表等	探讨数据出版对于促进科学交流和提升出版者及其所在机构影响力的重要作用
		G91 掌握数据防护的安全措施 了解进行数据防护的现代信息存储手段	采取文档透明加密、数据安全隔离、内容智能识别、网络拦截等一种或多种技术手段，实现数据防泄密	意识到数据防护是一种主动的安全防护措施
	G9 数据安全	G92 掌握数据处理的安全措施 了解数据处理中可能存在硬件故障、人为误操作、程序缺陷、病毒或黑客等安全隐患	有效防止数据在录入、处理、统计或打印中造成的数据损坏或数据丢失现象	适当的数据处理安全措施，可以保障数据的保密性、完整性和可用性
		G93 掌握数据存储的安全措施 了解数据存储涉及的计算机网络通信的保密、安全及软件保护等问题	通过磁盘阵列、数据备份、异地容灾等手段保证数据的安全	意识到个人或团体的数据不能被其他不应获得者获得，不加密的数据是不安全的，容易造成数据泄密
	G10 数据伦理	G101 了解数据采集、使用和共享中的道德和伦理问题 了解数据采集和使用时的伦理问题、隐私问题	能够采取相应措施，确保涉及个人隐私、道德规范等数据的保护	在数据时代保持开放心态和分享精神，同时严格坚守伦理底线

续表

维度	一级指标	二级指标		
		知识（认知层面）	技能（行为层面）	态度（情感层面）
G 个 人	G10 数据伦理	G102 明确个人或机构的数据所有权和知识产权		
		了解数据具有知识产权，需要受到保护	利用多元的知识产权保护形式制定数据的知识产权保护策略	遵守包括数据在内的知识产权的合理合法使用，维护个人或机构的数据权利
		G103 理解所在机构或学科领域的数据伦理声明，明白其与国家和地方法规、机构政策及出版商的数据要求相互关联		
		了解所在机构的数据政策和伦理声明	合理应用数据管理或处理的相关伦理声明	遵守数据管理或处理的学科伦理准则
		G104 认识到在科学研究和数据管理中，包含个人隐私的数据应该受到更大程度的监管		
		了解包含个人身份信息和非个人身份信息数据的不同	掌握个人身份信息和非个人身份信息数据在管理和获取中的区别	收集和传播个人数据时，考虑隐私问题
		G105 选择确保数据机密性和隐私性的特征与存储要求		
		了解机密数据和隐私数据的特征与存储要求	根据保密和隐私需求以及资源的可用性构建储存解决方案	主动为隐私和/或机密数据寻求最佳的技术解决方案
T 团 队	T1 个人与团队成员之间的数据共享性	T11 意识到个人与团队数据共享的重要性		
		了解研究团队中数据共享的必要性	在团队工作机制下，提交研究数据，实现个人与实验室/项目团队成员之间的数据共享	积极主动与团队成员共享研究数据，并明确共享权益
		T12 掌握个人与团队数据共享的原则		
		了解个人数据和可以共享的公共数据的属性范围	能够制定个人数据与团队数据的共享原则和策略	避免数据的泄露给相关利益主体造成损失

续表

维度	一级指标	二级指标		
		知识（认知层面）	技能（行为层面）	态度（情感层面）
T 团队	T2 个人数据与团队目标数据的相容性和一致性	T21 了解个人数据与团队数据的规范与数据接口协议	掌握个人数据适应团队数据要求的规范性、格式的相容性、数据接口协议与一致	主动使用规范的数据格式，具有合作精神与团队相容意识
		了解团队数据规范和数据接口协议	达到个人数据与团队数据的相容与一致	
		T22 了解个人数据与团队目标数据的兼容性与匹配性		
		了解个人数据与团队目标数据数据的兼容性与匹配性，满足团队发展总目标	利用团队数据指导自己的工作，包括条件、方法和所使用的仪器，实现团队研究总目标	主动了解团队发展目标，具有与团队发展目标相匹配的意识
	T3 个人数据与团队目标数据的差异性与容错性	T31 了解个人数据与团队数据的差异性	判断数据差异性所反映的问题与产生的价值	
		了解个人数据与团队目标数据数据差异性的优点和缺点	具有分析、评估个人数据与团队目标数据差异性的能力，并做出相应判断	主动探讨个人数据与团队数据差异性
		T32 了解个人数据差异及其与团队数据的容错性	数据差异性的容错性	
		了解个人测试、实验、分析数据时产生错误的可能性	具有甄别错误数据的技能，结合团队数据的容错性进行调整	积极提供防止数据错误的预案
S 数据生态	S1 数据生态意识及数据文化	S11 了解数据生态的意义，具备维护数据生态健康良性发展的意识	推动数据生态建设，适应数据感知、管理，分析与应用新一代信息技术架构和良性增益的闭环生态系统	主动适应数据生态环境，了解数据生态的意义及存在的风险
		认识到网络化数据社会与现实社会有机融合、互动以及协调		
		S12 主动弘扬数据文化，尊重事实，推崇理性		

续表

维度	一级指标	二级指标		
		知识（认知层面）	技能（行为层面）	态度（情感层面）
S 数据生态	S1 数据生态意识及数据文化	了解数据文化，培养数据驱动管理与决策的思维	对创建和使用的数据负责，保证数据的准确性与公正性	严谨对待每一个数据，建立数据就是生产资料的观念
		S13 了解大数据的价值及其在相关领域的应用与进展		
		认识到个人小数据是大数据的一部分，了解大数据的特征与核心价值	掌握相关领域大数据的利用方法，推动数据产业良性发展，促进具有价值的大数据的交易和转让	主动适应大数据时代的到来，为大数据产业做贡献，充分释放大数据红利
		S21 充分理解数据共享的重要性和复杂性，数据共享为科研人员、机构乃至国家的科研合作提供基础		
	S2 数据共享	了解基金资助方、研究机构和出版商的数据共享政策、数据共享主体的权责与规范	掌握数据共享相关技术，包括元数据描述与互操作、本体和关联数据的应用等	意识到数据共享对于推动科学研究发展、避免重复浪费、促进科研合作的重要性，以及实践中存在的障碍
		S22 了解并应用学科相关的数据共享平台		
		了解数据共享平台的资源类型与服务制度、内容和方式	掌握相关学科领域数据共享平台的运行机制与使用方法	探讨数据共享意愿与行为的关键影响因素，如政策与权益、法律和道德、数据误解与滥用等问题
	S3 数据生态动态平衡与调节	S31 认识到数据生态是一个动态平衡的过程	具备主动适应数据动态变化和数据更新的能力	主动适应数据动态变化与数据更新，从观念上树立数据失衡的危机意识
		了解数据生态建设和发展中各类数据的比重、数量及应用服务的动态平衡过程	完善生态系统中的各个要素，协调各要素之间的关系和比例，促进数据生态系统建设和数据生态环境健康优化	

续表

维度	一级指标	二级指标		
		知识（认知层面）	技能（行为层面）	态度（情感层面）
S 数 据 生 态	S4数据生态法规建设	S41具有数据生态安全的法制意识，了解数据生态系统中的各种法律法规		
		具有数据生态安全的法制意识，懂得数据生态系统中的各种律法规	建立全面、完整、结构严谨的数据生态法规，推进将数据资源管理、跨国界数据交流、网络建设、数据服务等工作纳入法制	主动适应国家数据生态的法规，主动维护数据安全
	S5数据教育与培训	S51认识到主动接受数据教育与培训的必要性		
		了解接受数据教育与培训的重要性	主动接受数据教育与培训，掌握数据相关知识与技能，提升数据素养能力	寻找适合自己的数据素养教育或培训的内容和途径

附录6 科学数据素养能力现状调查问卷

尊敬的老师，同学：

您好！

科学数据是科学发现与科技创新的重要基础。在数据密集型科研时代，对科学数据的管理和利用能力成为科研人员的必备素养。本研究旨在了解大数据时代科研人员的科学数据素养现状。

诚邀您参与本次匿名问卷调查，完成本问卷大概需要7—10分钟。您所提供的信息将会严格保密并只用于科学研究，如有任何疑问请与我们联系（sciencedata@126.com）。

非常感谢您的支持与参与！

【概念解释】

科学数据：是指在科学研究过程中使用或创建的任何以数字化形式输出及输入的陈述语言，包括数值、文本、图像、音频、视频等多种类型，可用于科学研究、技术设计、查证、决策等。

科学数据素养：对科学数据进行收集、分析、管理、评价和利用所具备的意识、能力和行为规范。

数据生态：主要指大数据生态，即网络化数据社会与现实社会的有机融合、互动以及协调，形成数据感知、管理、分析与应用的新一代信息技术架构和良性增益的闭环生态系统。

第一部分 基本信息

1.您的性别［单选题］*

○ A.男   ○ B.女

2.您的年龄［单选题］*

○ 18周岁以下   ○ 18—22   ○ 23—30   ○ 31—45   ○ 46—60   ○ 60周岁以上

3.您的身份［单选题］*

○教师、研究员或科研工作者   ○博士研究生   ○硕士研究生   ○本

科生　○其他

4.您目前的职称［单选题］*

○正高级职称（教授、研究员、教授级高工等）　○副高级职称（副教授、副研究员、高工等）　○中级职称（讲师、助理研究员、工程师等）　○初级职称（助教、助理工程师等）　○其他

5.您的学科类别［单选题］*

○理学　○工学　○经济学　○文学　○管理学　○教育学　○医学　○农学　○哲学　○历史学　○法学　○艺术学　○军事学

6.您从事科学研究的年限［单选题］*

○0—5年　○5—10年　○11—15年　○16—20年　○20年以上　○还没有参与研究

7.您所在的机构性质［单选题］*

○高等院校　○科研机构　○其他

第二部分　科学数据素养能力

填写说明：请您根据自身实际情况，对以下数据相关活动的描述做出选择。

8.能够认识到数据在科学研究与学术交流中的重要作用［单选题］*

○非常符合　○比较符合　○一般　○比较不符合　○非常不符合

9.能够认识到科学数据中蕴含着信息和知识，并且具有重复利用和长期使用的价值［单选题］*

○非常符合　○比较符合　○一般　○比较不符合　○非常不符合

10.能够将批判性思维贯穿于数据收集、处理与应用的整个过程［单选题］*

○非常符合　○比较符合　○一般　○比较不符合　○非常不符合

11.能够明确自己在学习或科研工作中的数据需求［单选题］*

○非常符合　○比较符合　○一般　○比较不符合　○非常不符合

12.能够识别数据类型和格式，分类收集数据［单选题］*

○非常符合　○比较符合　○一般　○比较不符合　○非常不符合

13.能够利用与科研课题相关的数据库，获取所需的数据资源［单选题］*

○非常符合　　○比较符合　　○一般　　○比较不符合　　○非常不符合

14.能够判断数据集的权威性和质量［单选题］*

○非常符合　　○比较符合　　○一般　　○比较不符合　　○非常不符合

15.能够了解数据采集中的设备规范和操作规程［单选题］*

○非常符合　　○比较符合　　○一般　　○比较不符合　　○非常不符合

16.能够正确使用数据分析方法（如线性回归分析、方差分析、聚类分析等）［单选题］*

○非常符合　　○比较符合　　○一般　　○比较不符合　　○非常不符合

17.掌握数据格式转换方法，能够将数据转换为研究所需要的格式［单选题］*

○非常符合　　○比较符合　　○一般　　○比较不符合　　○非常不符合

18.能够利用相关工具或软件进行数据可视化［单选题］*

○非常符合　　○比较符合　　○一般　　○比较不符合　　○非常不符合

19.能够使用研究工具和权威指标检验所采集数据的正确性，识别明显错误或无效数据［单选题］*

○非常符合　　○比较符合　　○一般　　○比较不符合　　○非常不符合

20.能够明确数据保存需求，了解数据保存成本（人力、技术、资金等）［单选题］*

○非常符合　　○比较符合　　○一般　　○比较不符合　　○非常不符合

21.能够合理制定数据保存方案（如定期备份、异地保存、损失预防、版本控制等）［单选题］*

○非常符合　　○比较符合　　○一般　　○比较不符合　　○非常不符合

22.能够按照数据的重要性划分数据保存等级［单选题］*

○非常符合　　○比较符合　　○一般　　○比较不符合　　○非常不符合

23.能够了解数据生命周期各个阶段的数据管理任务［单选题］*

○非常符合　　○比较符合　　○一般　　○比较不符合　　○非常不符合

24.能够了解并利用不同的数据管理平台和工具［单选题］*

○非常符合　　○比较符合　　○一般　　○比较不符合　　○非常不符合

25.能够了解本学科领域的数据标准，如元数据、数据格式等［单选题］*

○非常符合　○比较符合　○一般　○比较不符合　○非常不符合

26.能够掌握数据质量评价的基本流程和方法［单选题］*

○非常符合　○比较符合　○一般　○比较不符合　○非常不符合

27.能够对数据所反映的内在规律和发展趋势进行深度解读［单选题］*

○非常符合　○比较符合　○一般　○比较不符合　○非常不符合

28.能够利用数据的分析结果支撑研究结论、预测未来研究方向［单选题］*

○非常符合　○比较符合　○一般　○比较不符合　○非常不符合

29.了解科学数据引用的基本规范和重要作用［单选题］*

○非常符合　○比较符合　○一般　○比较不符合　○非常不符合

30.掌握数据引用的基本方法，在科学研究和创作中正确引用相关数据资源［单选题］*

○非常符合　○比较符合　○一般　○比较不符合　○非常不符合

31.能够通过口头或书面等方式进行有效的数据表达和交流［单选题］*

○非常符合　○比较符合　○一般　○比较不符合　○非常不符合

32.了解数据出版的类型和流程［单选题］*

○非常符合　○比较符合　○一般　○比较不符合　○非常不符合

33.掌握数据防护的安全措施（如文档加密、数据安全隔离、网络拦截等）［单选题］*

○非常符合　○比较符合　○一般　○比较不符合　○非常不符合

34.能够采取有效措施防止数据在录入、处理、统计等过程中造成的损坏或丢失现象［单选题］*

○非常符合　○比较符合　○一般　○比较不符合　○非常不符合

35.能够通过磁盘阵列、数据备份、异地容灾等手段保证数据安全［单选题］*

○非常符合　○比较符合　○一般　○比较不符合　○非常不符合

36.能够了解数据采集、使用和共享中所涉及的道德和伦理问题［单选题］*

○非常符合　○比较符合　○一般　○比较不符合　○非常不符合

37.能够明确个人或机构的数据所有权和知识产权［单选题］*

○非常符合　○比较符合　○一般　○比较不符合　○非常不符合

38.能够了解所在机构或学科领域的数据伦理声明［单选题］*

○非常符合　○比较符合　○一般　○比较不符合　○非常不符合

39.能够意识到包含个人隐私的数据应该受到更大程度的监管［单选题］*

○非常符合　○比较符合　○一般　○比较不符合　○非常不符合

40.能够选择确保数据机密性和隐私性的存储解决方案［单选题］*

○非常符合　○比较符合　○一般　○比较不符合　○非常不符合

41.能够认识到个人与科研团队数据共享的重要性［单选题］*

○非常符合　○比较符合　○一般　○比较不符合　○非常不符合

42.能够掌握个人与科研团队数据共享的原则［单选题］*

○非常符合　○比较符合　○一般　○比较不符合　○非常不符合

43.了解个人与科研团队的数据规范与数据接口协议［单选题］*

○非常符合　○比较符合　○一般　○比较不符合　○非常不符合

44.了解个人数据与团队目标数据的兼容性与匹配性［单选题］*

○非常符合　○比较符合　○一般　○比较不符合　○非常不符合

45.能够分析和评估个人数据与团队数据的差异性［单选题］*

○非常符合　○比较符合　○一般　○比较不符合　○非常不符合

46.能够有效甄别个人数据差错及其与团队数据的容错性［单选题］*

○非常符合　○比较符合　○一般　○比较不符合　○非常不符合

47.了解数据生态的意义，具备维护数据生态健康良性发展的意识［单选题］*

○非常符合　○比较符合　○一般　○比较不符合　○非常不符合

48.能够主动弘扬数据文化，尊重事实，推崇理性［单选题］*

○非常符合　○比较符合　○一般　○比较不符合　○非常不符合

49.能够了解大数据的价值及其在相关领域中的应用与进展［单选题］*

○非常符合　○比较符合　○一般　○比较不符合　○非常不符合

50.了解基金资助机构、科研机构和出版商的数据共享政策，明确数据共享主体的权责和规范［单选题］*

○非常符合　○比较符合　○一般　○比较不符合　○非常不符合

51.能够了解并应用学科相关的数据共享平台 [单选题]*

○非常符合　　○比较符合　　○一般　　○比较不符合　　○非常不符合

52.能够认识到数据生态是一个动态平衡的过程，能够主动适应数据的动态变化和数据更新 [单选题]*

○非常符合　　○比较符合　　○一般　　○比较不符合　　○非常不符合

53.具有数据生态的法制意识，了解数据生态系统中的各种法律法规 [单选题]*

○非常符合　　○比较符合　　○一般　　○比较不符合　　○非常不符合

54.能够通过有效的途径接受数据教育与培训，提升科学数据素养能力 [单选题]*

○非常符合　　○比较符合　　○一般　　○比较不符合　　○非常不符合

后　记

　　时光荏苒，岁月如梭。转眼间，博士毕业已两年有余，承蒙中国图书馆学会编译出版委员会各位专家的评选和推荐，我的博士论文能够作为《图书情报与档案管理博士文库》的首批论文，在国家图书馆出版社出版，实属荣幸。

　　在初出茅庐之际就能够得到这样宝贵的机会，我心中既充满激动，也有些许忐忑。本书的出版如果能为相关领域的研究者带来一点小小的启发，我将倍感欣慰。

　　创新是实现中华民族伟大复兴的动力源泉，培养具有创新精神和创新能力的高素质人才是每一位教育工作者努力的方向。科学数据素养是时代发展对创新人才素养能力提出的更高要求，是科研人员学术研究与交流的必备能力之一。作为新兴的跨学科研究领域，科学数据素养是近年来学术界的研究热点。数据是知识发现与科技创新的重要基础，科学研究活动实质上是以数据为核心的工作，数据获取和数据处理贯穿于整个科研周期。在大数据时代，科研环境的数据密集型特征尤为明显，研究资料、实验过程、实验结果等均以数据的形式而存在，无论是个人、企业，还是国家，谁能更好地掌握数据、理解数据、分析数据，谁就能在科研创新中取得竞争优势。关于数据的知识，将成为个人知识结构中的必备要素和基础，关于数据的思维和行为模式也将发生重大变革。科学数据素养在以数据为中心的科研时代，其价值毋庸置疑。然而科研人员到底应该具备哪些能力才被称之为具备科学数据素养，相关教育机构的培养方案和教学体系如何构成，如何对从事科研的学生与教师进行系统有效的科学数据素养能力培养，这一系列问题都值得从学术角度进行深入剖析与研究。

在博士论文选题阶段，我发现关于科学数据素养能力评价体系，国内外尚没有形成较为系统和权威的理论框架，缺乏一个具备通用性、本土化以及系统性的整体参考框架。这不利于科学数据素养教育的发展，应是急需深入探讨和研究的重要问题。因此，经过与导师共同讨论，同时结合自己多年在信息素养教育领域的实践和研究基础，我决定将"科学数据素养能力指标体系构建与实证研究"作为主题，开展博士学位论文的研究。经过近四年的深入调查与研究，我最终探索构建了一套适合我国国情和时代特征的科学数据素养能力指标体系，并面向科研人员进行了初步的实证研究，验证了该指标体系的科学性和应用性，进而提出了培养和提升科学数据素养能力的有效策略与途径。希望本研究能为大数据时代科研人员的能力培养与提升提供一定的参考和借鉴。

回顾整个读博历程，心中感慨万千。每一幕努力付出的情景都清晰地浮现于眼前，冬日凌晨萧瑟寒风中在半导体研究所等候班车前往雁栖湖校区上课，酷暑炎炎烈日之下往返于北航和中科院文献情报中心论证课题。寒来暑往，不觉已走过四年时光。有过欣喜，有过焦虑，在无数个通宵达旦潜心研究、撰写论文的日子里，来自师长、同学和亲朋好友的每一个问候与关怀，每一次帮助与支持都令我倍感温暖，如沐春风，陪伴我顺利地走过那段不同寻常的奋斗之路。在此，谨向给予我大力支持和帮助的各位师长、领导、专家、同人，表示衷心的感谢！

感谢我尊敬的导师初景利教授，博士论文的整个研究过程都是在初老师的悉心点拨和耐心指导下完成的，在选题探讨、结构把握、思路梳理、观点推敲以及文字斟酌等各个方面，都凝聚了初老师大量的心血。感谢初老师在学习、工作中给予的拳拳关心和帮助，老师敏锐的洞察力和渊博的学识令我深深敬佩，他对工作的忘我投入和对事业的热忱与执着是我永远的榜样，谨向初老师致以我诚挚的谢意和崇高的敬意。

感谢中国图书馆学会编译出版委员会各位专家的肯定和鼓励，使我的博士论文有机会入选《图书情报与档案管理博士文库》首批论文，并正式出版。一名学术界的晚辈，能够得到同行专家的认可，这是莫大的鼓舞，这将激励我在专业领域继续努力，争取取得更多更好的研究成果，为学科发展尽自己的一份微薄之力。

　　感谢国家图书馆出版社为本书顺利出版提供的大力支持，感谢主编和各位编辑老师的辛勤付出。特别是高爽老师，在图书编辑出版的整个过程中，从立项、编校到排版等各个环节，高老师与我进行了很多次的沟通和确认，她耐心细致、严谨认真的工作态度，令我非常感动。

　　感谢我所在工作单位北京航空航天大学图书馆的领导和同事，在本人攻读博士期间给予的大量帮助。领导亲切的关怀和支持，以及源自工作实际的丰富经验给了我很多启发，这对于论文的完成，至关重要。

　　感谢在论文研究过程中给过我指导的每一位专家学者，他们从各自不同的学科视角提供了很多中肯意见和参考资料，他们的实践经验为我了解国内外科学数据素养现状提供了有力支撑。感谢对论文进行评审、提出宝贵意见的各位专家，他们的无私分享和智慧启迪，为我的论文研究拓宽了思路、激发了灵感。感谢在专家咨询与问卷调查过程中给予我支持的每一位老师、同学和朋友。感谢师门兄弟姐妹的热心关怀和无私帮助，一起学习生活的点滴回忆与温馨时刻，让我感到无比充实与快乐。感谢家人的理解与关爱，让我能够坚定信念，全力以赴。

　　值《科学数据素养能力指标体系建设》付梓之际，谨致由衷的谢意！

　　由于时间仓促、能力所限，书内难免有疏漏、错误等不尽完美之处，诚望广大读者指摘勘正。

秦小燕

2020年10月

于北航图书馆